KB097044

생명을 짜 넣는 노동

余華

許三觀賣血記

대만의 맥전출판사에서 펴낸 『허삼관 매혈기』 표지.
중국 작가 위화의 소설 『허삼관 매혈기』는
피를 팔아 살아가는 사람의 괴상한 이야기다.
그런데 이 소설은 '허삼관은 노동자'라고 말하며 시작된다.

피를 팔아 살아간다는 건 미친 짓임에 틀림없습니다. 이는 생명을 팔아 생명을 사는 것처럼 괴상한 이야기입니다. 그런데 위화(余華)의 소설 『허삼관 매혈기』는 이 괴상한 이야기가 우리들의 평범한 이야기라는 걸 깨닫게 합니다. 책장을 덮었을 때 이런 생각이 들었습니다. 이것은 자본주의 노동자의 일대기다.

그러고 보니 이 소설은 '허삼관은 노동자'라고 말하며 시작합니다. 그러고는 곧바로 매혈 이야기가 이어지죠. 할아버지는 손자에게 "잘 지내느냐", "취직은 했느냐"라고 물을 만한 대목에서, "너도 피 팔러 자주 가느냐"라고 묻습니다. 중매쟁이는 남자가 아직 피를 팔지 않았다고 이야기하는 순간 파혼을 선언합니다. 마치 결혼할 사람이 백수라는 걸 뒤늦게 안 것처럼요. 삼촌은 조카에게 점잖게 훈계합니다. "몸이 튼튼한 사람은 다 가서 피를 판단다." 이제 갓 어른의 삶을 시작한 허삼관은 핵심을 간파합니다. "피가 바로 돈줄이네요."

이렇게 해서 허삼관의 매혈 인생이 시작됩니다. 그는 피를 팔아 결혼을 하고 집을 장만하고 아이들을 키워냈습니다. 외식을 할 때면 추가로 피를 팔았고 큰아이가 간염으로 생사를 헤맬 때는 사흘이 멀다 하고 피를 팔다가 죽을 뻔한 적도 있습니다. 이런 매혈 인생은 60세가 되어서야 끝납니다. 아이들은 장성해서 분가했고 아내와 둘이서 살 만한 돈은 있으니 이제 피를 팔 필요는 없습니다. 그런데 이 소설은 그가 피를 팔 필요가 없다는 행복한 사실보다 더는 피를 팔 수 없다는 쓰라린 사실을 일깨우며 막을 내립니다. 그는 늙었고 그의 몸에는 '살아 있는 피'보다 '죽은 피'가 많다고 하니까요.

청년 노동자로서 피를 팔기 시작해 60세에 모든 게 끝났습니다. 인생으로 따지면 어린 시절도 있고 노년도 있겠지요. 하지만 노동자의 생애란 취업부터 퇴직까지입니다. 피를 팔 수 있는 나이에 시작해 피를 팔 수 없는 나이까지 피를 팝니다. 물론 몸이 건장해야 합니다. 아무나 피를 팔 수 있는 것은 아니니 피를 팔려면 노력해야 합니다. 또 피를 판 뒤에는 다시 팔 수 있도록 자기관리를 잘해야 하죠. 허삼관의 말을 빌리자면 언제나 "돼지간볶음에 황주 두 냥"을 먹어줘야 합니다. 그렇게 해야 계속 피를 팔 수 있고 계속 피를 팔아야 결혼도 하고 아이도 키우고 노후 준비도 할 수 있으니까요.

피를 빨려야 살아갈 수 있다. 참으로 그로테스크하고 아이러니한 문장입니다. 그런데 자본주의에서 노동자의 삶을 이보다 더 명징하게 요약한 문장이 있을까요. 〈북클럽 『자본』〉 시리즈의 4권에서 우리는 마르크스가 상품가치의 실체는 노동이라고 한 것을 보았습니다. 노동자가 노동력을 지출하는 만큼 상품에는 가치가 담긴다고요. 그런데 이제 그는 '노동력의 지출'은 '생명력의 지출'과 같다고 말합니다. '1노동시간'이라는 가치는 1시간 동안 노동자의 생명력이 지출되었다는 뜻이라고요. 자본주의에서 노동자는 노동력을 판매해야 살 수 있는데요. 노동력을 판매한 노동자가 하는 일이란 자신의 생명력을 지출하는 것입니다. 그는 살기 위해 죽어가는 아이러니한 존재입니다.

지난 책에서 내가 언급한 1850~1860년대 런던의 '불량 빵집' 사건을 기억하는지 모르겠습니다. 당시 런던의 빵집들 상당수가 밀가루 값을 아끼려고 반죽에 비누, 석회, 돌가루 등 이물질을 넣었던 모양입니다. 불결한 제조 환경 탓에 오물까지 더해졌지요. 주로 염가로 판매하는 빵집들이었는데 염가의 비밀이 거기 있었던 거죠. 당연히 사람 몸에 좋을 리 없습니다. 살기 위해 먹는 빵이지만 그 빵 때문에 건강을 잃게 생겼지요.

그럼 이 빵을 누가 사 먹었을까. 염가 빵을 사는 사람이란 염가 빵을 사야만 하는 사람들이죠. 바로 가난한 노동자들입니다. 마르크스는 정부 조사 보고서를 인용해 말합니다. "매일 2파운드의 빵으로 살아가는 빈민들은 이 불량 빵 때문에 자기 건강을 해치는 것은 물론이고 실제로는 영양분의 4분의 1도 섭취하지 못하고 있다."

가난한 사람들이 빵에 문제가 있음을 모르지는 않았을 겁니다. 그렇다면 왜 그들은 돌가루 빵을 사 먹었을까요. 당시 정부 보고서는 노동 주간이 끝난 뒤에야 임금이 지급되고 그 간격도 너무 길다는 점을 지적했습니다. 그래서 빵을 외상으로 먹어야 한다고요. 빵을 외상으로 먹는 처지라면 가급적 더 싼 빵을 찾았겠지요. 물론 좀 더 근본적인 이유는 가난 때문입니다. 경제적 여유가 전혀 없으니 임금 지급이 조금만 늦어져도 외상 거래를 해야 했을 겁니다.

그럼 이런 빵을 만든 노동자들은 어땠을까요. 시리즈의 다음 권에서 우리는 당시 런던의 제빵 노동자들이 어떤 환경에서 일했는지 볼 겁니다. 문제가 된 염가 빵집들(마르크스에 따르면 런던 빵집의 4분의 3이 여기 해당합니다)은 12시간치 임금을 받고 18시간 노동을 하고 있었습니다. 아침에 신선한 빵을 공급하기 위해 밤 9시부터 새벽 5시까지 빵을 굽고 오전 내내 배달을 했습니다. 오후가 되어서야 모든 일이 끝납니다. 염가 판매의 또 다른 비결이 여기 있었던 거죠. 한편으로는 밀가루에 돌가루를 넣고 다른 한편으로는 노동자들을 갈아 돌가루처럼 만들고 있었던 셈입니다.

불량 빵을 먹는 사람도, 불량 빵을 만드는 사람도 모두 죽어갑니다. 개인으로야 빵 만드는 사람과 빵 먹는 사람이 다르지만 집합적으로는 같은 사람입니다. 모두가 가난한 노동자들이죠. 이들이 죽어가는 길을 택한 것은 허삼관의 매혈 논리와 같습니다. 그것이 유일한 살길이니까요. 당장에 죽게 생긴 사람은 서서히 죽어가는 길이 그나마 살길이 됩니다. 피를 파는 것은 서서히 죽는 것이고, 잘만 관리하면 죽음에 질질 끌려가는 방식으로 평생을 살아낼 수도 있으니까요.

이것은 그저 빵집 이야기가 아닙니다. 나는 『자본』을 읽으며 "살기 위해 죽어간다" 혹은 "죽지 않기 위해 죽어간다"라는 말 속에 자본주의 정치경제학의 핵심이 있다는 생각을 하게 되었습니다. 근대의 '가치' 개념(경제학)과 '권력' 개념(정치학)이 자라난 토양이랄까요. 죽음의 공포를 기반으로 생명을 움켜쥐는 것, 여기에 자본의 원리, 주권의 원리가 있지 않을까 생각하게 되었습니다.

이 점에서 나는 『자본』을 '생명의 정치경제학', 좀 더 직접적으로는 '죽음의 정치경제학'에 대한 비판으로 읽을 수도 있다고 생각합니다. 실제로 우리는 이 시리즈 마지막 권에서 자본주의의 역사적 발생을 다루게 될 텐데요. 거기서 노동자는 노동자가 되기 전에 먼저 '발가벗겨진 생명체'가 된다는 것을 알게 될 겁니다. 생산수단을 잃고 공동체를 잃고 아무런 보호 장치도 없이 내던져진 인간 생명체의 집단적 등장. 마르크스는 이것이 자본주의, 즉 '피를 팔려는 분투'와 '복종을 향한 경쟁'의 체제를 가능케 했음을 말해줍니다.

한마디 덧붙이자면, 피를 빨려야 사는 존재가 있다는 것은 피를 빨아야 살 수 있는 존재가 있다는 뜻이지요. 영원한 죽음은 영원한 생명과 짝을 이룹니다. 살아 있는 노동이 죽어갈 때 죽은 노동은 살아납니다. 살아 있는 것은 죽고 죽은 것이 삽니다. 영원한 죽음으로 영원한 생명을 얻는 존재. 마르크스는 이것을 '자본'이라고 부릅니다.

차례

저자의 말──노동자 매혈기 005

1 인간과 꿀벌──합목적적 노동 017
   ◦우리는 거의 소가 되어야 한다 ◦노동은 합목적적 활동
   ◦건축가가 꿀벌보다 나은가

2 죽은 것들을 살려내다──살아 있는 노동 033
   ◦생산수단─노동대상(원료)과 노동수단
   ◦생산수단에 깃든 과거의 목소리 ◦노동의 마법과 사물의 환생

3 자본가의 통제 아래서──소외된 노동 051
   ◦노동과정은 노동과정이다, 그런데……
   ◦자신의 통제 vs. 자본가의 통제 ◦노동자는 어떻게 에일리언이 되는가
   ◦노동자는 왜 동물로 돌아갔을 때 행복한가
   ◦'소외'는 『자본』에서도 중요한 주제

4 요술의 성공, 마침내 탄생한 괴물──가치를 늘리는 노동 073
   ◦자본가의 관심은 인류 복지가 아니다
   ◦투입물과 생산물의 가치 분석 ◦살아 있는 노동의 또 다른 마법
   ◦시제를 통합하면 ◦생명을 짜서 가치를 더한다
   ◦막간극─노동의 선물 ◦"그는 이미 알고 있었다"
   ◦'노동과정'·'가치형성과정'·'가치증식과정'이라는 용어
   ◦인간임을 확인하려는 노동자의 저항 ◦단순노동과 고급노동

5 죽어 있는 것과 살아 있는 것──불변자본과 가변자본 117
　。다음 단계로 가기 위한 개념적 준비물
　。가치형성과 가치이전의 차이
　。생산과정에 머무는 것과 사라지는 것
　。노동자가 자본가에게 건네는 선물　。가변자본과 불변자본

6 동일한 것의 다른 이름──'잉여가치율'과 '착취도' 139
　。'가치생산물'과 '생산물의 가치'　。이윤율과 잉여가치율
　。개념의 탄생은 눈의 탄생이다　。필요노동과 잉여노동
　。무로부터는 아무것도 생겨나지 않는다
　。야곱과 이스라엘처럼　。연습 문제를 풀어보자!
　。맨체스터의 어느 공장주　。계산이 유발하는 환상
　。최후의 '1시간'　。학문 너머에 있는 것
　。왜 시니어인가　。목소리 vs. 목소리

부록노트 185
　。I──정신의 왕국과 자본의 왕국 186
　。II──고정자본과 유동자본의 구분 191
　。III──사이보그 노동자의 에일리언 되기 195

주 201

일러두기

- 『생명을 짜 넣는 노동』은 열두 권의 단행본과 열두 번의 강연으로
채워지는 〈북클럽『자본』〉시리즈의 5권입니다. 〈북클럽『자본』〉은
철학자 고병권이 카를 마르크스의『자본』I권을 독자들과 함께
더 깊이, 더 새롭게, 더 감성적으로 읽어나가려는 기획입니다.

- 『생명을 짜 넣는 노동』은『자본』I권 제3편 '절대적 잉여가치의
생산'의 제5~7장을 다룹니다. 〈북클럽『자본』〉의 출간 목록과 다루는
내용은 아래와 같습니다. 괄호 안은『자본』I권의 차례이며 독일어
판본(강신준 옮김,『자본』, 길)을 기준으로 삼았습니다.

1권(2018. 08) ─『다시 자본을 읽자』

　　　　　　　　　(『자본』I권의 제목과 서문 등)

2권(2018. 10) ─『마르크스의 특별한 눈』

　　　　　　　　　(『자본』I권 제1장)

3권(2018. 12) ─『화폐라는 짐승』

　　　　　　　　　(『자본』I권 제2~3장)

4권(2019. 02) ─『성부와 성자_자본은 어떻게 자본이 되는가』

　　　　　　　　　(『자본』I권 제4장)

5권(2019. 04) ─『생명을 짜 넣는 노동』

　　　　　　　　　(『자본』I권 제5~7장)

6권(2019. 06) ─『공포의 집』

　　　　　　　　　(『자본』I권 제8~9장)

7권(2019. 10) ─『거인으로 일하고 난쟁이로 지불받다』

　　　　　　　　　(『자본』I권 제10~12장)

8권(2019. 12) ─『자본의 꿈 기계의 꿈』

　　　　　　　　　(『자본』I권 제13장)

9권(2020. 03)—『임금에 관한 온갖 헛소리』

　　　　　　　　　（『자본』I권 제14~20장）

10권(2020. 08)—『자본의 재생산』

　　　　　　　　　（『자본』I권 제21~22장）

11권(2020. 12)—『노동자의 운명』

　　　　　　　　　（『자본』I권 제23장）

12권(2021. 04)—『포겔프라이 프롤레타리아』

　　　　　　　　　（『자본』I권 제24~25장）

- 〈북클럽『자본』〉에서 저자는 독일어 판본 '마르크스·엥겔스전집'
  *MEW: Marx Engels Werke*과 김수행이 우리말로 옮긴 『자본론』(I,
  비봉출판사, 2015), 강신준이 우리말로 옮긴 『자본』(I, 길, 2008)을
  참고했습니다. 본문 내주는 두 번역본을 기준으로 표기하되
  필요하면 지은이가 번역문을 수정했습니다. 단, 본문에서
  마르크스의 『자본』 원문의 해당 장(章)을 언급할 때, 시리즈의
  3권부터는 독일어 판본을 기준으로 표기하고 영어 판본(김수행
  번역본)이 그것과 다를 경우 괄호로 병기했습니다.

- 〈북클럽『자본』〉은 이전에 없던 새로운 활자체를 사용하였습니다.
  책과 활자를 디자인하는 심우진이 산돌커뮤니케이션과 공동 개발한
  「Sandoll 정체」가족의 530, 630입니다. 그는 손글씨의 뼈대를
  현대적으로 되살려 '오래도록 편안한 읽기'를 위한 본문 활자체를
  제안하였습니다. 아울러 화자의 호흡을 고스란히 드러내는
  문장부호까지 새롭게 디자인하여 글이 머금은 '숨결'까지
  살려내기를 바랐습니다.

1

인간과 꿀벌

———

합목적적 노동

마르크스에 따르면
건축가는 건물을 짓기 전에 구상을 합니다.
그리고 구상한 대로 실행하지요.
반면 꿀벌은 별도로 구상하지 않고
본능에 따라 실행합니다.
건축가는 자신의 구상에 따라 집을 짓도록
다른 사람을 고용해 일을 시킬 수 있습니다.
하지만 본능에 따라 거미집을 짜는 거미는
자기 구상을 설명한 뒤 이 임무를
다른 거미에게 떠맡길 수 없습니다.
인간노동의 어떤 특성이 타인의 노동력을 구매해
그에게 노동을 시킬 수 있는
사회형태를 가능하게 했을까요.

앙리 드 툴루즈 로트레크, 〈세탁부〉, 1884~1888.
노동력의 거래가 의미를 가지려면 다른 사람의 목적과 필요에 따라서도
노동할 수 있어야 한다. 그 활동이 내 본능에 맞지 않더라도,
내 신체의 모든 기관들이 고통을 호소하고
내 정신의 모든 관념이 딴전을 피우고 싶어해도 내 의지를 주어진 목적에 확고하게
복속시킬 수 있어야 하는 것이다. 이것이 합목적성이다.

'관계자 외 출입금지.' 진실의 방에는 대개 이런 팻말이 달려 있습니다. 인식하려는 자에게 출입금지 문구는 나방의 혼을 빼놓는 불빛 같은 것입니다. 그 문구는 "네가 찾는 것이 여기 있다"라는 말과 같으니까요. 에덴동산에서도 인식의 나무에는 출입금지 문구가 걸려 있었습니다. 저 나무의 열매를 따 먹어선 안 된다. 신은 금지를 통해 인식의 나무가 어디 있는지 아담에게 일러주었습니다. 금지를 명령한 자가 위반을 유혹한 자이기도 했던 겁니다.

○ 우리는 거의 소가 되어야 한다

시리즈의 4권(『성부와 성자』)에서도 본 것처럼, 마르크스는 유통영역을 낙원 곧 '에덴동산'(Eden)이라고 불렀습니다.[김, 232; 강, 261] 자유·평등·소유·벤담[이익 추구]이 보장되는 곳이라는 의미였지요. 하지만 사람의 눈과 귀를 빼앗는 유통영역은 사건의 장소가 아닙니다. 마르크스는 화폐소유자와 노동력소유자가 거래를 마치고 걸어가는 곳, 즉 "비밀스러운 생산의 장소"로 두 사람의 뒤를 따라가보자고 했지요. 생산의 장소가 진실의 방입니다. 그것을 어떻게 아느냐고요? 마르크스는 입구에 달린 표지를 가리킵니다. '관계자 외 출입금지.'[김, 232; 강, 261] 바로 여기에 인식의 나무가 있다는 뜻이지요.

　　우리가 생산의 장소에 이른 것은 마르크스의 추론에 따른 겁니다. 그는 앞서 『자본』 제4장에서 잉여가치가 노동력이라는 상품의 사용에서 생겨날 수밖에 없음을 추론해냈습니다. 이제 그것을 검증할 차례입니다. 잉여가치는 실제로 어떻게 생산되는가. 우리는 이번 책 즉 〈북클럽『자본』〉시리즈 5권부터 『자본』 제3편에 접어드는데요. 제3편과 제4편 모두 '잉여가치의 생산'을 다룹니다. 제3편의 제목은 '절대적 잉여가치의 생산'이고, 제4편의 제목은 '상대적 잉여가치의 생산'인데요. 제목에 붙어 있는 '절대적'이니 '상대적'이니 하는 말에 대해서는 다음 권에서 설명하겠습니다. 이번 5권에서 우리가 주목할 것은 노동력의 사용에서 어떻게 잉여가치가 생겨나는가입니다.

이제 비밀의 문을 열어볼까요. 독일어판에서 제3편의 첫 문장은 이렇습니다. "노동력의 사용은 노동 그 자체다."[김, 237; 강, 265] 우리의 기대를 무색하게 만드는 참 무미건조한 문장입니다. 노동력이라는 상품을 사용한다는 것은 노동한다는 말과 같다는 거죠. 지난 책에서 마르크스가 노동력의 사용에 주목하라고 해서 우리는 이 순간만을 눈 빠지게 기다렸습니다. 다른 상품은 모두 제쳐두고 이 상품이 사용되는 현장을 보려고 왔지요. 그런데 첫 문장을 보자마자 '이건 뭐지?' 하는 생각이 듭니다. '노동력의 사용'이라고 해서 마술 지팡이라도 쓰는 줄 알았는데 마르크스는 태연하게 말합니다. 노동력의 사용? 그건 노동을 지칭하는 말일 뿐이야.

특별한 게 없습니다. 우리가 어디서나 보는 것, 이를테면 아침에 쌀을 씻어 밥을 짓는 것, 오후에 아이를 위해 책상을 만드는 것과 다르지 않습니다. 아담이 에덴동산에서 쫓겨난 이래 인류가 계속해온 일, 바로 그 노동입니다. 도대체 왜 여기에 '관계자 외 출입금지'라는 팻말을 붙여놓았을까요. 면화를 가져와서 실을 뽑아내는 것, 우리의 조상들이 내내 해왔던 그 일이 그리도 신기한가요? 외부인의 출입을 철저히 통제하는 비밀의 장소에서 우리가 목격한 것이 너무도 흔한 풍경이어서 오히려 놀랍습니다.

하지만 마르크스가 '현미경' 비유로 경고한 바 있지요 (『다시 자본을 읽자』, 80~82쪽). 대강 보면 안 된다고, 똑같이 땀을 흘려도 고대 노예의 노동과 근대 노동자의 노동은 전혀 다르다고 했습니다. 우리는 렌즈를 통해서 본다고 했는데요. 그러므로 우리에게 나타난 현상은 최소한 두 겹입니다. 우리 눈에 이미 한 겹 씌워져 있으니까요. 사실은 여러 겹이라고 해야 합니다. 우리의 렌즈는 생물학적이고, 역사적이며, 사회적이고, 정치적이며, 또한 문화적인 것이니까요.

여러 겹의 베일이 사물을 감싸고 있는 것처럼 말하니까 또 다른 오해가 생길까 걱정됩니다. 베일을 다 걷어내고 나면 사물의 참모습이 나온다고 생각할까 봐요. 사실은 정확히 그 반대입니다. 사물 자체는 아무런 의미도 없습니다. 의미란 사물[물건이나 행위]에 덧씌워진 베일이고 주름이니까요. 우리 시대를 읽는다는 것은 사물들 자체가 아니라 이 베일들, 이 주름들을 읽어내는 것이라 할 수 있습니다. 말하자면 어떤 사물을 그렇게 보이게 하는 렌즈를 읽어내는 거죠. 우리 시대의 광학, 우리 시대 빛의 굴절을 해명하는 겁니다.

　　니체는 자신의 '해석 기술'(Kunst der Auslegung)을 자랑하며 이렇게 말했습니다. 잘 읽어내기 위해 사람은 "거의 소가 되어야 한다."[1] '되새김질'(Wiederkäuen)을 잘해야 한다는 겁니다. 그의 말처럼, 해석한다는 것은 반추하는 것이고 곱씹는 겁니다. 일종의 반복이죠. 해석을 잘한다는 것은 반복적 독해로 여러 의미를 읽어낼 수 있다는 뜻입니다. 애초 현상이라는 게 여러 겹의 베일이고 여러 번 접힌 주름이니까요. 현상을 읽는 사람은 반추동물처럼 그것을 씹고 또 씹어야 합니다.

　　지금까지 마르크스가 보여준 것이 그렇습니다. 그는 동일한 과정을 반복해서 읽어냅니다. 『자본』의 첫 장부터 그랬습니다. 그는 두 상품의 교환을 한 번은 사용가치의 교환으로, 다른 한 번은 교환가치의 교환으로 읽었습니다(상품은 최소한 두 겹의 사물인 겁니다). 제2장에서는 상품교환을 상품소유자들의 '행위'라는 면에서 다시 읽었습니다. 제3장에서는 동일한 유통을 상품유통이라는 점에서 읽고 다시 화폐유통이라는 점에서 읽었습니다.

　　제3편의 첫 장인 제5장(영어판은 제7장)의 제목을 볼까요. '노동과정(Arbeitsprozeß)과 가치증식과정(Verwertungsprozeß).' 그런데 이것은 두 개의 과정이 아닙니다. 생산과정은 하나인데, 이것을 두 개의 다른 제목으로 쓴 겁니다. 절도 둘로 나누었습니다. 제1절이 '노동과정'이고 제2절이 '가치증식과정'입니다. 동일한 과정에 대해 해석을 두 번 한 것이죠. 한 번은

현물[사용가치]을 생산하는 노동과정으로, 다른 한 번은 가치를 생산하는 가치증식과정으로요.

제1절 '노동과정'에 들어가서도 그렇습니다. 그는 노동과정을 두 번 읽습니다. 한 번은 일반적 차원에서 살펴보고, 다른 한 번은 자본주의라는 조건에서 봅니다. 첫 단락에서 그는 노동과정을 "일단 특정한 사회형태로부터 독립시켜 고찰해야 한다"라고 말합니다.[김, 237; 강, 265] 본래의 노동과정, 참된 노동과정을 보여주기 위해서가 아닙니다. 그 반대입니다. 그가 보여주려는 것은 덧대어진 막입니다. 우리 눈에는 우리 시대의 노동과정이 특별해 보이지 않는데, 그는 우리 눈에 특정한 굴절을 야기하는 투명막이 덧대어졌음을 보여주려 합니다. 우리 시대, 즉 자본주의 생산양식 아래서 펼쳐지는 노동과정이 얼마나 독특한 것인지 보여주려 하죠.

◦ 노동은 합목적적 활동

우리가 어느 사회에 사는지 잠시 잊고 생산현장을 들여다볼까요. 구석에 신경 쓰이는 한 사람 즉 자본가가 있긴 하지만요. 그가 생산과정을 감독하고 있군요. 그 사람을 의식하지 말고 노동자들만 보기로 하죠. 노동자들이 하는 일이 특별해 보이지는 않습니다. 앞서 말한 것처럼 인간이 먼 옛날부터 해오던 활동이죠. 노동이란 인간이 어떤 수단을 가지고 대상에 작용을 가해 그것을 자신의 목적과 필요에 맞게 변형하는 일입니다.

방금 말한 것을 세 가지 요소로 분해해서 말할 수도 있습니다. 노동과정은 노동이라는 활동(Tätigkeit), 노동수단(Mittel), 노동대상(Gegenstand)으로 이루어져 있다고요.[김, 238; 강, 266] 여기서 말한 '활동'은 아무런 행동이나 가리키는 것은 아니고, "자연 소재를 자신의 생활에 유용한 형태로 만들기 위해", 다시 말해 목적과 필요에 맞게 대상을 변형할 때의 활동입니다. 그리고 '노동수단'이란 노동자가 가하는 작용을 대상에 전달해주는 매개체입니다. '노동대상'은 인간이 가한 작용을 받아 변형되는 사물이고요.

좀 더 구체적으로 살펴보겠습니다. 먼저 우리가 노동이라고 부르는 활동을 볼까요. 인간은 노동을 통해 자연 소재를 목적과 필요에 맞게 변형한다고 했는데요. 마르크스는 이를 '합목적적(zweckmäßig)'이라는 말로 표현합니다.[김, 238; 강, 266] 목적에 부합한다는 뜻입니다. 그런데 대상을 목적에 맞게 변형하려면 노동자는 자신의 신체기관들을 거기에 맞게 움직여야 합니다. 그뿐이 아닙니다. 정신 또한 활동의 목적을 의식하고 있어야 합니다. 주의를 기울여야 하지요. 이것이 합목적적 활동이라는 말이 의미하는 바입니다.

마르크스는 이런 '합목적성'이 동물과 인간의 노동을 구분해준다고 생각한 것 같습니다. 사실은 동물들도 자신의 필요에 따라 자연 소재를 변형하는 일을 합니다. 제비가 둥지를 만들고 개미가 집을 짓는 것도 자연 소재를 유용하게 변형하는 행동이라는 점에서 노동임에 틀림없습니다. 그런데 마르크스는 이것을 합목적적이라고 보지는 않습니다. 그에 따르면 이것은 본능에 따라 이루어지는 행동입니다. 노동이기는 한데 합목적적이지는 않다는 거죠. 마르크스는 이를 "동물적이고 본능적인 최초의 노동형태"라고 말합니다.[김, 238; 강, 266] 그러면서 인간 고유의 노동형태와 구분했습니다.

마르크스는 '동물적이고 본능적인'이라는 말을 '인간적인'이라는 말과 대비했는데요. 내 생각에 그가 여기서 '인간적'이라는 말의 맞은편에 놓고 싶어한 것은 '동물적'이라는 말보다는 '본능적'이라는 말입니다(물론 '동물적'과 '본능적'을 붙여 쓴 걸 보면 '비인간 동물'은 '본능'의 지배를 받는다고 생각했음에 틀림없습니다만). 그는 인간노동에만 '합목적적'이라는 말을 붙였는데요. 이 '합목적적'이라는 말에는 설정된 목적을 위해 자신의 충동이나 본능을 제어한다는 뜻이 담겨 있습니다. 다시 말해 인간에게는 본능과 거리를 두는 노동이 가능하다는 겁니다.

왜 마르크스한테는 이 점을 지적하는 게 중요했을까요. "여기서 우리는 동물적이고 본능적인 최초의 노동형태는 다루지 않는다"라는 말 뒤에 붙인 문장에서 그것을 읽을 수 있습니다. 그에 따르면 인간 역시 이런 노동형태에 오랫동안 머물렀습니다. 하지만 우리가 앞으로 다루게 될 노동형태는 "노동자가 자기 노동력의 판매자로서 상품시장에 나타나는" 경우입니다. 마르크스는 인간노동의 일반적 특성 중 어떤 것이 나중에 노동력의 상품화를 가능케 했을까를 생각했던 것 같

습니다. 뒤에서 다룰 '자본주의 생산양식에서의 노동형태'를
염두에 둔 것이죠.

　도대체 인간노동의 어떤 특성이 타인의 노동력을 구매해
그에게 노동을 시킬 수 있는 사회형태를 가능하게 했을까요.
'합목적성'이 바로 마르크스가 찾아낸 답변입니다. 노동력의
거래가 의미를 가지려면 '나 자신'만이 아니라 다른 사람의
목적과 필요에 따라서도 노동할 수 있어야 합니다. 그 활동이
내 본능에 맞지 않더라도 할 수 있어야 하고, 그 물건이 내게
아무런 유용성이 없어도 만들어내야 합니다. 다시 말해 내 신
체의 모든 기관들이 고통을 호소하고 내 정신의 모든 관념이
딴전을 피우고 싶어함에도 불구하고 내 의지를 주어진 목적
에 확고하게 복속시킬 수 있어야 합니다. 이게 합목적성입니
다. 인간에게는 이런 자질이 있다는 거죠. 마르크스는 이것을
동물에게는 없고 "인간에게만 배타적으로(ausschließlich) 속하
는" 노동형태라고 했습니다.[김, 238; 강, 266] 그리고 이것이
우리가 앞으로 다룰 노동형태와 관련된다고 했죠.

　여기서 우리가 다른 동물들한테 이런 자질이 있느냐 없느
냐를 따질 필요는 없습니다. 마르크스가 말하고 싶어하는 것
은 '인간은 동물로부터 거리를 둘 수 있다'보다 '인간은 본능
으로부터 거리를 둘 수 있다'이니까요. 이 자질이 어떤 용도로
쓰일지, 그것이 기쁨의 원인이 될지 슬픔의 원인이 될지 아직
은 모릅니다. 아마도 사회형태가 어떠냐에 따라 달라지겠지
요.

◦ 건축가가 꿀벌보다 나은가

건축가와 꿀벌에 대한 마르크스의 유명한 문장은 이런 맥락에서 나온 겁니다. "거미는 직조공이 하는 것과 비슷한 일을 하고, 꿀벌은 자신의 집을 지음으로써 인간 건축가를 부끄럽게 만든다. 그러나 가장 서툰 건축가라도 가장 뛰어난 꿀벌보다 본래부터 뛰어난 점을 갖고 있는데 그것은 건축가는 밀랍으로 집을 짓기 전에 미리 그것을 머릿속에서 짓는다는 데 있다. 노동과정의 끝에서 나올 결과물이 시작의 시점에 이미 노동자의 구상(Vorstellung) 속에서, 관념적으로 미리 존재하는 것이다."[김, 238; 강, 266]

아무리 서툰 건축가라도 뛰어난 꿀벌보다 낫다. 인간중심주의라는 공격을 받아 마땅한 매우 자극적인 문장입니다. 인간은 자연으로부터, 특히 다른 동물들로부터 배운다고 생각했던 고대 사상가들과 대비하면 그런 면모가 더 두드러지지요. 이를테면 고대의 원자론자 데모크리토스는 이렇게 말했습니다. "우리는 짜는 기술과 수선하는 기술에서는 거미의 제자이고, 집 짓는 기술에서는 제비의 제자이며, 흉내 내어 노래 부르는 데서는 높은 소리를 내는 것들인 백조나 나이팅게일의 제자이다."[2] 인간은 거미와 제비의 제자라고 말하는 것과 아무리 서툰 건축가도 최고의 꿀벌보다 낫다고 말하는 것 사이에는 큰 차이가 있지요. 마르크스도 다른 근대 사상가들처럼 자연을 섬김과 배움의 대상이 아니라 개발과 이용의 대상으로 보았다는 혐의를 둘 만합니다.

하지만 앞서 말한 것처럼 이 단락은 마르크스가 인간의 우월성을 자랑하려고 쓴 것이 아닙니다. 앞뒤 맥락을 살펴볼 필요가 있습니다. 특히 마르크스의 정서에 주목할 필요가 있습니다. 그는 여기서 기쁨의 감정, 이를테면 자부심 같은 걸 드러내고 있지 않습니다. 시리즈의 4권에서 우리가 본 생산현장에 들어가는 노동자를 묘사한 문장(『자본』 제4장의 마지막 문장이었죠), 즉 "가죽을 팔고서는 무두질만을 기다리는 사람처럼 마지못해 주춤주춤 따라간다"를 떠올려보세요. 지금 우리가 읽고 있는 단락 바로 앞에 있는 내용인데요. 그가 도살장에 끌려가는 가축 같은 표정을 짓는 사람에게 '그래도 당신은 동물보다는 뛰어나다'라는 식으로 말할 리가 없지요.

마르크스는 건축가와 꿀벌의 중요한 차이를 노동 이전의 '구상'에서 찾았습니다. 그에 따르면 건축가는 건물을 짓기 전에 구상을 합니다. 그리고 구상한 대로 실행하지요. 반면 꿀벌은 별도로 구상하지 않고 본능에 따라 실행합니다. 건축가는 자신의 구상에 따라 집을 짓도록 다른 사람을 고용해 일을 시킬 수 있습니다. 하지만 본능에 따라 거미집을 짜는 거미는 자기 구상을 설명한 뒤 이 임무를 다른 거미에게 떠맡길 수 없습니다.[3] 본능적 행동이라는 말이 의미하는 바가 그렇습니다.

인간에게는 구상과 실행을 분리할 수 있는 자질이 있습니다. 자신이 구상한 것을 다른 이에게 실행하게 만들 수도 있지요. 바꾸어 말하면 다른 이가 구상한 것을 자신이 실행할 수도 있습니다. 활동에 부여된 목적이 타인의 것일 수도 있다는 말입니다. 이런 자질 덕분에(혹은 탓에) 인간은 노동력을 타인에게 팔 수 있습니다. 목적을 위해 자신의 본능, 자신의 의지를 얼마든지 억누를 수가 있거든요. 마르크스의 표현을 쓰자면, 인간에게는 "목적을 위한 의지의 예속"이 가능합니다. [김, 238; 강, 266]

이런 자질은 자본주의에서 노동하는 인간이 겪는 슬픔과 관계됩니다. 합목적적 존재라는 것은 자기 본능에 맞지 않는 노동, 심지어 자기에게 극심한 고통을 주는 노동도 할 수 있다는 뜻이니까요. 그래서 마르크스는 인간노동의 합목적성을 설명한 뒤 이렇게 말합니다. "노동이 그 내용과 수행방식 때문에 노동자의 마음에서 점점 매력을 잃어가고 그 결과 노동자에게 노동이 자신의 육체적·정신적 능력을 발휘하는 즐거운 활동이던 것에서 점점 멀어져갈수록 이런 합목적적 의지는 더욱 필요해진다."[김, 238; 강, 266]

즐겁고 재밌는 일에 대해서는 본능과 목적을 별도로 생각할 필요가 없습니다. 합목적성을 굳이 강조할 필요가 없지요. 그 일이 재미없고 고통스러울 때 합목적성을 강조합니다. 이때는 별도의 감독과 통제가 필요합니다. 노동자에게 활동의 목적을 환기하고 거기에 정신과 신체를 집중하도록 강제해야 하는 거죠. 서툰 건축가는 훌륭한 꿀벌보다 낫습니다. 그런데 꿀벌보다 낫다는 건축사무소의 노동자들은 건강을 해치는 밤샘 노동을 합니다. 각성제까지 마셔가면서 말이죠. 꿀벌에게는 없는 능력 때문에 무슨 고문을 당하듯 일합니다.

샤를 푸리에(Charles Fourier)는 문명세계에서 노동하는 인간의 삶은 노동하는 동물의 삶보다 불행하다고 했습니다. "해리, 꿀벌, 말벌, 개미 등과 같은 많은 피조물들, 그러니까 완전히 관성상태[본능상태](state of inertia)에 빠져 있는 그런 피조물들에게는 노동이 기쁨이다. 신은 그들에게 일에 매력을 느끼게 하는 사회적 메커니즘을 제공하였고 그것을 행복의 원천으로 만들었다. 그런데 왜 신은 동물에게 부여한 은총을 우리에게는 부여하지 않았을까."[4]

왜 인간의 뛰어난 자질이 행복이 아니라 고통의 원천이 되었을까요. 『경제학 철학 초고』(1844)에서 마르크스가 말한 것처럼, 왜 "동물에 대한 장점이 단점으로" 변했을까요.[5] 앞서 말한 것처럼, 인간의 어떤 자질이 어떤 의미를 가질지, 그것이 기쁨의 원인이 될지 슬픔의 원인이 될지는 미리 정해져 있지 않습니다. 그것이 어떻게 배치되느냐에 따라 달라지겠지요. 인간의 능력과 그것을 발휘해서 생산해낸 사물의 운명에 대해 지금으로서는 말할 수 없습니다. 마르크스가 노동과정을 "일단은 모든 특정한 사회형태에서 독립시켜 고찰"하자고 했으니까요.

그럼에도 우리는 자본주의 아래서 맞게 될 그 운명을 어느 정도 예감할 수 있습니다. 아직은 자본주의에서의 노동과정을 본격적으로 분석하지 않았습니다만, 우리는 이 사회가 노동력을 상품으로 거래하는 사회임을 알고 있습니다. 그리고 상품소유자가 상품에 대해 어떤 권리를 갖는지도 알고 있습니다. 소유자는 소유물이 "고분고분하지 않으면 폭력을 사용할 수도 있다"라고 했으니까요(『화폐라는 짐승』, 20~21쪽).

　이윽고 재능 있는 인간이 먹고살기 위해 노동력을 팔고 생산현장에 들어갑니다. 우리는 곧 그가 자신의 재능 때문에 겪을 운명을 목격하게 될 겁니다. 그런데 벌써부터 그의 앞길에 드리운 그늘을 본 것 같아 기분이 착잡합니다.

2

죽은 것들을 살려내다

———

살아 있는 노동

생산수단은
죽어 있는 사물로 노동자 앞에 있습니다.
그리고 모든 죽은 것들이 그러하듯
금세 부패하기 시작합니다.
"쇠는 녹슬고 목재는 썩는다."
자연은 사물을 결코 그대로 두지 않습니다.
마르크스는 생산수단 앞에 선 노동자의 노동을
'살아 있는 노동'이라고 부릅니다.
그러면서 생산수단 안에 대상화된 과거의 노동,
즉 '죽은 노동'과 대비합니다.
'살아 있는 노동'은 자기 생명력을 사용해
죽은 것들을 '살려내는 노동'입니다.

막스 리베르만, 〈순무 경작지의 노동자들〉, 1873.
'살아 있는 노동'은 썩거나 녹슬어가는 사물을 잡아 "죽음에서 소생"시키는
기적의 소생술이다. 마르크스는 노동이란
"외부의 자연에 작용을 가하고 그것을 변화시키는" 일이면서
동시에 "자신의 본성까지도 변화시키는" 것이라고 했다.

지금까지는 노동의 기본 요소들 중 한 가지만을 말했습니다. 하지만 노동과정은 인간의 활동만으로 이루어지는 게 아니죠. 노동대상과 노동수단도 있어야 합니다. 노동이란 노동수단으로 노동대상을 변형하는 활동이니까요. 이 둘에 대해서도 간략히 살펴보겠습니다.

　。생산수단—노동대상(원료)과 노동수단

먼저 노동대상을 볼까요. 노동대상이란 노동을 통해 변형되는 사물인데요. 땅, 물, 햇볕, 광물, 동물, 식물 등 온갖 사물들이 여기 해당할 수 있습니다. 인간은 자연에서 이것들을 무상으로 얻습니다. 자연이 인간에게 준 선물이지요. 마르크스는 주석에서 제임스 스튜어트(James Steuart)의 말을 인용했는데요. 부모가 젊은 자녀에게 그렇게 하듯 자연은 인간에게 살아갈 만큼의 소액 종잣돈을 찔러 넣어준다는 겁니다(돈이라는 말 때문에 오해하진 마세요. 자연이 인간에게 선사한 것은 가치가 아니라 사용가치입니다).[김, 239, 각주 1; 강, 267, 각주 1]

인간의 노동이라는 게 기껏해야 채취나 채집 수준에 머물렀을 때는 대상에 가한 변형이 크지 않았을 겁니다. 강에서 물고기를 잡거나 나뭇가지에서 열매를 분리하는 수준이었겠죠. 하지만 문명이 발달할수록 자연이 직접 베푼 것들의 비중은 줄어듭니다. 많은 대상들이 인간의 손길을 거친 후 공급됩니다. 건축가는 땅을 공급받지만 그 땅은 택지 개발로 이미 손질이 된 땅입니다. 자동차 공장에서 쓰는 철판은 제철 공장에서 공급한 것입니다. 가구 공장에서 쓰는 목재도 자연이 직접 공급한 형태 그대로는 아닙니다. 모두가 일정한 생산과정을 거친 것들이죠. 이처럼 과거의 노동을 거친 노동대상을 특별히 '원료'(Rohmaterial)라고 부릅니다.

이제 노동수단에 대해 살펴보겠습니다. 노동자가 노동대상에 작용을 가할 때 전도체 역할을 하는 것이 노동수단입니다.[김, 239; 강, 267] 가장 일차적인 노동수단은 신체기관입니다. 열매를 채취할 때 우리는 손을 노동수단으로 사용한다고 할 수 있겠죠. 하지만 맨손으로 할 수 없는 일도 많습니다. 이 경우 우리는 도구를 필요로 합니다. 다 익은 열매라도 손이 닿지 않는 곳에 달려 있다면 장대를 이용하겠지요. 손을 확장하는 겁니다. 이런 게 노동수단입니다.

신체기관을 일차적 노동수단이라고 했는데요. 사실 신체기관의 경우 노동자와 노동수단의 구분이 모호합니다. 손을 노동수단으로 사용했다고 하면 마치 노동자와 손이 서로 별개인 것처럼 들립니다. 하지만 손을 그저 노동자의 활동을 전달하는 매개체일 뿐이라고 말할 수 있을까요. 손은 노동자의 일부 아닌가요. 노동자의 활동과 손의 작용을 과연 별개로 볼수 있을까요.

그런데 흥미롭게도 마르크스는 노동자와 노동수단의 구분을 더 모호한 쪽으로 끌고 갑니다. 그는 노동수단으로 사용된 '자연적인 것'(das Natürliche)에 대해 노동자의 신체기관에 부착된 또 하나의 기관(Organ)이라고 말합니다.[김, 239; 강,

268] 그리고 덧붙이기를, "성경 말씀에도 불구하고" 노동자는 노동수단을 "신체기관들에 덧붙여 자신의 자연적 체구를 연장한다"라고 했습니다.[김, 239~240; 강, 268]

마르크스는 다음의 성경구절을 염두에 둔 듯합니다. "너희 중에 누가 염려함으로 그 키를 한 자나 더할 수 있느냐"(마태복음 6:27, 누가복음 12:25). 예수가 제자들에게 한 말인데요. 신께서 이미 인간이 먹고살 길을 마련해주었으니 그쪽으로는 정신을 팔지 말라는 거죠. 그런데 마르크스에 따르면 노동하는 인간은 노동수단을 사용함으로써 먹고살기 위해 자신의 키를 몇 자나 키울 수 있습니다. 신은 자신의 형상을 본떠 인간의 형상을 빚었다고 합니다만, 인간은 도구를 부착함으로써 그 형상을 변형합니다. 새로운 신체를 만들어내는 것이죠. 노동하는 인간은 한마디로 인조인간입니다.

인간은 노동대상에 다가서기 전에 먼저 노동수단과 합체합니다. 노동대상을 변형하기 전에 노동수단으로서 자기 자신을 변형하는 겁니다. 자신의 신체와 노동수단이 거부반응 없이 결합하도록, 그래서 신체기관들끼리 그러하듯 노동수단과도 물질대사가 원활히 이루어지도록 만듭니다. 노동수단을 또 다른 신체기관화하는 거죠. 노동수단을 자기화한다고도 말할 수 있겠습니다.

그런데 이처럼 신체의 기관들이 변형되고 신체의 조성이 바뀌는데도 정신이 그대로일 수 있을까요? 그럴 수는 없지요. 신체가 다른 운동을 전개하고 거기서 다른 감각이 생겨나면 정신에도 상응하는 변화가 생길 겁니다. 마르크스는 노동이라는 게 "외부의 자연에 작용을 가하고 그것을 변화시키는" 일이면서 동시에 "자신의 본성까지도 변화시킨다"라고 했는데요.[김, 238; 강, 266] 나는 그 이유가 일차적으로는 신체에서 일어나는 변형 때문이라고 생각합니다. 노동이라는 것이 인간신체와 외부 신체의 물질대사인 한에서(신체에 부착된 노동수단은 이 대사 작용이 좀 더 직접적이겠지요), 외부 신체를 변형하는 일은 인간신체를 변형하는 일이기도 할 테니까요.

마르크스는 일찍부터 신체에 대한 독특한 견해를 갖고 있었습니다. 1844년에 쓴 『경제학 철학 초고』에서 그는 인간이 자연을 노동대상과 노동수단으로 삼는 한에서 "자연은 인간의 비유기적 신체"라고 말한 바 있습니다.[6] 그러므로 노동하는 인간은 유기적 신체와 비유기적 신체의 합체입니다. 말 그대로 사이보그라고 할 수 있죠. 첨단 생체공학 기술로 신체를 개조하기 전에도 인간신체는 이미 사이보그적입니다(이에 대해서는 부록노트에서 좀 더 다루겠습니다).

지금까지 노동대상과 노동수단이 어떤 것인지를 간단히 살펴보았는데요. 과연 어떤 사물이 노동대상이 되고 또 어떤 사물이 노동수단이 되는 걸까요. 사물만 놓고 보면 알 수가 없습니다. 이를테면 황소(가축)는 전통 농업에서는 밭을 갈거나 물건을 나르는 노동수단입니다. 하지만 축산업에서는 노동(사육)의 대상이죠.[김, 243; 강, 271] 다 자라면 그 자체로 생산물이기도 하고요. 정육 산업에서도 황소는 노동대상입니다만 축산업과는 다릅니다. 여기서는 생산물이 황소가 아니라 '고기'이니까요. 황소는 고기의 원료(노동대상)인 셈입니다. 이런 예는 아주 많습니다. 한 산업의 생산물이 다른 산업의 원료가 되고 한 산업에서는 원료인 것이 다른 산업에서는 노동수단일 수 있습니다.

여기서 우리는 마르크스의 사물 이해 방식을 다시금 확인하게 되는데, 사물은 그 배치와 기능에 따라 의미가 달라진다는 것 말입니다. 마치 도마와 당근 옆에 놓인 칼과 복면과 돈지갑 옆에 놓인 칼이 다른 것처럼요. 시리즈 3권(『화폐라는 짐승』)에서 우리는 동일한 화폐도 기능에 따라 유래가 다르고 본성이 다르다는 점을 살펴보았습니다. 또 4권(『성부와 성자』)에서는 동일한 화폐라도 배치와 기능에 따라 단순히 화폐인 경우와 자본인 경우로 나뉘는 것을 보았습니다.

원료와 노동수단을 구분하는 문제에 대해서도 마르크스는 비슷한 이야기를 합니다. "어떤 사용가치가 원료로 나타날지, 노동수단으로 나타날지, 아니면 생산물로 나타날지는 전적으로 그 사용가치가 노동과정에서 행하는 특정한 기능(Funktion), 그것이 노동과정에서 차지하는 위치(Stelle)에 달려 있으며, 이 위치가 변함에 따라 그것에 대한 규정 또한 변한다는 것을 알 수 있다."[김, 244; 강, 272]

◦ 생산수단에 깃든 과거의 목소리

이렇게 해서 노동과정의 세 가지 기본 요소들, 즉 노동자의 합목적적 활동(노동), 노동대상, 노동수단에 대해 살펴보았습니다. 노동과정에는 이 세 요소들이 모두 참여합니다. 노동과정이 끝나면 새로운 생산가치를 갖는 생산물이 나오겠지요. 이 생산물이 바로 이 과정의 목적이었습니다.

그런데 생산물이라는 목적에 어떤 기여를 했는가 하는 관점에서 보면 노동과정의 세 요소들을 다른 방식으로 분류할 수도 있습니다. 노동과정 전체를 생산물을 낳기 위한 생산과정으로 본다면, 노동자의 활동은 '생산적 노동'(produktive Arbeit)이 될 테고, 노동수단과 노동대상(원료)은 '생산수단'(Produktionsmittel)이 됩니다.[김, 241; 강, 270] 노동과정의 요소들을 '생산적 노동'과 '생산수단'으로 나눌 수 있는 것이죠.

이 구분은 사용가치 생산에 주목하는 '노동과정'에서는 별 의미가 없습니다. 하지만 가치의 생산에 주목하는 '가치증식과정'에서는 중요한 의미가 있습니다. 그 이유는 이후 '가변자본'과 '불변자본'을 다루면서 이야기하겠습니다. 지금으로서는 '생산수단'이라는 말을 잘 봐두는 정도면 되겠습니다.

그리고 '생산적 노동'에 대해서는 유의할 게 있습니다. 여기서 말하는 '생산적 노동'은 나중에 우리가 언급할 자본주의에서의 '생산적 노동' 개념과는 구분해야 합니다[이에 대해서는 우리 시리즈 9권에서, 마르크스의 『자본』을 기준으로 하면 제14장(영어판 제16장)에서 다룹니다]. 지금 말하는 '생산적 노동'은 자본주의를 전제하지 않고 말한 것으로, 단지 생산물을 생산하는 데 효과적인, 말하자면 합목적적 활동이었다는 뜻에서

한 말입니다.[김, 242, 각주 8; 강, 270, 각주 7]

　노동과 생산물에 대해서는 조금 더 이야기할 것이 있습니다. 생산물이란 노동자가 노동대상을 변형한 것입니다. 이를테면 방적 노동자의 노동은 면화를 면사로 바꿉니다. 면화에 방적 노동이 가해져 (혹은 면화가 방적 노동을 흡수해) 면사가 되었다고 할 수 있을 겁니다. 면사 안에는 방적공의 노동이 담겨 있습니다. 이처럼 노동과 노동대상이 결합하는 것을 '노동의 대상화'라고 합니다(이 표현은 시리즈의 4권에서도 언급한 적이 있지요.『성부와 성자』, 112쪽).

　노동이란 노동자 입장에서 보면 '활동' 내지 '움직임'인데요. 생산물 속에 대상화된 노동은 더는 움직이지 않습니다. '불안정 형태'(Form der Unruhe)의 노동이 '안정된'(ruhende) 형태 혹은 부동의 형태로 변하는 겁니다.[김, 241; 강, 270] 시리즈 2권에서 나는 '인간행위로서 노동'과 '상품에 담긴 가치로서 노동'을 구분해야 한다고 말한 바 있습니다(『마르크스의 특별한 눈』, 102쪽). 전자는 '활동'이고 후자는 '응고된' 것이라고요. 마르크스는 전자를 '유동상태'(flussigen Zustand)에 비유했고, 후자를 '젤'(Gallerte) 혹은 '크리스털'(Kristalle)에 비유했지요. 그때는 교환가치(가치)와 연관 지어 한 말이었는데요. 사용가치의 생산에 대해서도 같은 비유를 쓸 수 있습니다. 방적 노동자의 움직임은 유동적이지만 면화가 면사로 변형된 순간 면사 안에 굳어진 채로 대상화되었다고요.

　물론 우리는 생산물 속에 결정화되어 있는 노동을 볼 수 없습니다. 방적 노동은 면사를 낳은 역사 속에만, 이렇게 말해도 좋다면, 면사의 기억 속에만 존재할 뿐입니다. 현재 드러난 모습에서 과거의 노동과정, 즉 방적 노동자의 땀방울이나 윙윙 돌아가던 기계소리를 확인할 수는 없습니다. 마치 아기의 얼굴에서 엄마의 산통을 확인할 수 없는 것처럼 말입니다.

마르크스는 "생산물 속에서 이 과정[노동과정]이 사라져간다"라고 했습니다.[김, 241; 강, 269] 여기서 내가 '사라져간다'라고 옮긴 것은 'erlöschen'이라는 동사인데요. 단순히 사라졌다는 뜻이 아니라 빛바래듯 서서히 사그라드는 것입니다. 과거 속으로 사라지는 거죠. 어쩌면 '사라진다'보다 '생겨난다'라는 말을 써야 할지도 모르겠습니다. 과거란 사라지는 것이 아니라 과거로서 태어나는 것이라는 의미에서요. 새로운 생산물이 태어나는 순간 그 생산물의 과거 내지 역사도 생겨납니다.

이것은 생산과정을 시간적으로 확장해서 이해할 때 중요한 의미를 갖습니다. 노동과정은 단 한 번으로 그치는 것이 아니라 생산의 시간적 연쇄 안에 있습니다. 앞서 말했듯 한 산업의 원료는 이전 산업의 생산물입니다. 마르크스는 노동대상 중 '원료'를 따로 떼서 말했습니다. 원료란 과거의 노동이 담긴 대상이라고 했지요. 그런데 "노동대상이 천연으로 존재하는 산업을 제외한 모든 산업 부문은 원료를 노동대상으로" 합니다.[김, 242; 강, 270] 심지어 노동대상이 천연으로 존재하는 것처럼 보이는 농업조차 노동대상의 상당 부분은 원료입니다. 올해 파종할 종자는 작년 노동의 산물이고, 더 길게 보자면 인간이 여러 세대에 걸쳐 변형해온 것입니다. 원료에는 과거의 노동, 노동의 역사가 담겨 있습니다.

노동수단의 경우에는 더 말할 것도 없습니다. 마르크스의 말을 빌리자면 "극히 피상적인 관찰자의 눈에도 보일 만큼 과거 노동의 흔적이 뚜렷"하니까요.[김, 242; 강, 270] 주요한 노동수단들을 쭉 늘어놓기만 해도 우리는 역사를 구분할 수 있습니다. 마르크스는 "멸종된 동물의 신체조직을 인식하는 데 유골구조가 중요한 것처럼 몰락한 경제적 사회구성체들을 판단하는 데 노동수단의 유물이 똑같은 중요성이 있다"라고 말합니다. 심지어 "무엇을 만들었는가보다 어떤 노동수단을 사용해서 만들었는가가 경제적 시대를 구분 짓는다"라고 했습니다. 그에 따르면 노동수단은 인간노동력의 발전 수준을 가늠할 '바로미터'이자 사회적 관계의 '계기판'이라 할 수 있습니다.[김, 240; 강, 268~269]

노동수단 자체도 역사를 갖지만 노동수단을 통해 그것을 사용한 시대의 사회적 관계까지 읽을 수 있다는 거죠. 마르크스는 특히 '생산의 근골격 시스템'이라고 할 수 있는 '역학적'(mechanischen) 노동수단이 '생산의 혈관 시스템'에 해당하는 노동수단(파이프나 통 따위)보다 시대를 구분 짓는 데 더 결정적이라고 말합니다. 후자가 중요해진 것은 화학공업이 등장하고 나서라고요. 물론 이런 주장이 항상 옳은 것은 아닙니다. 과거에는 그랬을 수 있지만 미래에도 그렇다는 것은 아닙니다. 정보 산업이 전체 산업에서 지배적 위치를 차지하면 정보의 흐름을 담아 소통시키는 혈관 시스템, 말하자면 정보 네트워크가 훨씬 중요해질 수도 있지요.

그런데 지금 우리 논의에서는 역사 서술이나 미래 전망이 중요한 것이 아닙니다. 나는 마르크스가 생산수단에 깃들어 있는 '과거 노동의 흔적'을 말하는 다른 이유가 있다고 봅니다. 노동과정이란 인간과 사물의 물질대사입니다. 인간과 사물, 움직임과 정지, 살아 있는 것과 죽은 것이 만나 작용을 주고받는 일이죠. 마르크스는 한 공간에서 낯선 타자로서 마주하는 두 존재가 시간을 거슬러 올라가보면 동류 내지 동족이라는 사실을 보여줍니다. 한편으로는 노동자와 생산수단의 마주침이지만, 다른 한편으로는 현재의 노동자가 과거 노동자의 생산물을 마주하는 일이라는 것입니다. 노동과정은 노동을 대상화하는 일인데요, 그것은 과거의 노동에 현재의 노동을 더하는 일과 같습니다.

노동과정을 대화에 비유한다면 마르크스는 그것이 인간과 사물의 대화인 동시에 현재 노동자와 과거 노동자의 대화라고 말하고 있는 겁니다. 여담입니다만, 나는 예전에 어느 조각가와 오래된 절터를 걸었습니다. 커다란 돌들이 여기저기 나뒹굴고 있었는데, 건물이나 탑의 기단부에 사용된 석재들 같았습니다. 그때 그 조각가가 석재를 어루만지며 말했습니다. 거기 정으로 파인 자국을 보면, 그러니까 그 깊이와 각도를 보면 석공이 얼마만큼의 힘으로 어떻게 내려쳤는지 알 수 있을 것 같다고요. 심지어 그 석공의 골격도 대강 그려볼 수 있겠다고요.

모든 생산수단에는 '과거 노동의 흔적', 말하자면 석공의 정 자국이 있습니다. 생산수단은 과거 노동의 생산물인 한에서 노동의 과거, 노동의 역사이기도 합니다. 그러나 오늘날 노동자들은 그것을 느끼기 어렵습니다. 자기 앞에 있는 사물에서 어제의 노동자를 보지 못합니다. 우리의 논의가 아직은 자본주의라는 특정한 사회형태를 고려하고 있지 않기에 조금 이른 이야기입니다만, 오늘날 노동자는 생산수단에서 어제의 노동자 즉 자기 동족을 느끼기는커녕 자신과는 전혀 다른 종족인 자본가를 느낍니다. 생산수단은 자본가의 것이고 자본가의 힘을 나타냅니다. 노동자는 그 사물들을 과거의 노동자가 아니라 현재의 자본가가 건넨 것으로 받아들입니다. 그렇기 때문에 생산수단을 사랑하기가 쉽지 않죠.

역시 아직은 이른 이야기입니다만, 근대의 역사는 '캐피털'의 역사입니다. 그것은 대문자(capital) 역사이면서 자본의 역사죠. 복수로 존재하는 과거의 목소리들을 하나의 목소리, 하나의 논리에 귀속했다는 점에서 그렇고(대문자 역사), 노동의 이야기를 자본의 이야기로 전유해버렸다는 점에서 그렇습니다(자본의 역사). 생산물을 만들고 가치를 만든 것은 노동이지만 현실에서는 마치 자본이 그렇게 한 것처럼 나타납니다. 자본이 생산하고 자본이 운동합니다. 역사가 자본의 생애사가 되는 거죠. 자본주의 이전 시기는 자본주의를 향해서 온 역사가 되고, 자본주의 이후는 자본이 전개되어온 역사가 됩니다. 생산수단을 전유한 자가 역사도 전유하는 겁니다. 서글픈 것은 노동자 자신이 자본의 역사 속에서 희미하게 사그라지는 자기 종족의 과거 목소리를 듣지 못한다는 겁니다(사실은 이 노동의 목소리도 하나가 아니었다는 점, 특히 여기에는 잘 들리지 않는 소수의 목소리들이 존재했다는 점에도 유의해야겠습니다. 이에 대해서는 시리즈의 다음 책에서 마르크스가 여성과 아동의 증언을 인용하는 부분을 다룰 때 언급하겠습니다).

◦ 노동의 마법과 사물의 환생

노동자는 생산수단을 자신의 손길을 기다리는 대상으로만 바라봅니다. 면화는 농부의 생산물이지만 방적공에게는 실을 뽑기 위한 원료에 지나지 않으며, 방추는 그것을 납품한 제작자에게는 생산물이지만 방적공에게는 실을 뽑기 위한 도구에 지나지 않습니다. 방적공은 면화와 방추를 생산한 농부와 방추 제작자의 과거 노동에는 관심이 없습니다. 그런 것이 의식될 때는 원료나 수단에 결함이 발견되었을 때죠. 납품된 면화나 방추에 문제가 있을 때 방적공은 그것을 생산한 농부나 방추 제작자를 떠올립니다. 기분 좋은 일은 아니겠죠.[김, 244; 강, 272]

생산수단은 죽어 있는 사물로 노동자 앞에 있습니다. 막 들어온 새것이라 해도 원료와 노동수단은 죽은 것입니다. 그리고 모든 죽은 것들이 그렇듯 금세 부패하기 시작합니다.

"쇠는 녹슬고 목재는 썩는다."[김, 244; 강, 272] 자연은 사물을 결코 그대로 두지 않습니다.

마르크스는 생산수단 앞에 선 노동자의 노동을 '살아 있는 노동'(lebendigen Arbeit)이라고 부릅니다.[김, 244; 강, 272] 그러면서 생산수단 안에 대상화된 과거의 노동, 즉 '죽은 노동'과 대비합니다. 그가 왜 노동자의 현행적 노동을 '살아 있는 노동'이라고 부르는지 그 이유 중 하나를 우리는 여기서 볼 수 있습니다(또 하나의 이유는 가치증식과정에서 볼 겁니다).

마르크스에 따르면, 노동자의 생체에서 '살아 있는 노동'은 자기 생명력을 사용해 죽은 것들을 '살려내는 노동'입니다. 기적의 소생술이죠. 살아 있는 노동은 썩거나 녹슬어가는 사물을 잡아 "죽음에서 소생"시킵니다. 단지 죽은 사물을 살려내는 정도가 아니라 그것이 품고 있던 가능성들, 단지 "가능성으로만 머물러 있던 사용가치"를 "현실적이고 효과적인 사용가치로 전화"합니다. 예컨대 밀가루를 그대로 두면 상하지만 제빵 노동자의 손길이 닿으면 빵으로 살아납니다. 단지 부패를 막고 그것을 보존하는 정도가 아닙니다. 환생, 말 그대로 새롭게 태어나게 하는 겁니다. 밀가루가 품고 있는 다른 삶의 가능성[빵]을 현실화하는 거죠.

나는 앞서 『자본』 제5장의 '비밀의 문'을 열면서 노동력 사용이 '마술지팡이'의 사용이라도 되는 줄 알았는데 별일 아닌 것 같다고 했습니다. 그런데 그 말을 취소해야겠습니다. 노동자는 대단한 마법사 같습니다. 마르크스는 노동과정을 정말로 마법처럼 묘사합니다.[김, 244; 강, 272~273] 먼저 '노동의 불'(Feuer der Arbeit)이 생산수단인 사물들을 '핥습니다'(beleckt). 사물들은 이 불길 속에서 '노동의 육신'과 '하나가 됩니다'(angeeignet). 그러고 나면 '개념에 맞고'(begriffsmäßigen) '소명에 맞는'(직분, begriffsmäßigen) 기능을 수행하도록 사물들에게 '영혼이 부여됩니다'(begeistet). 사물들이 새로운 사용가치를 갖는 생산물로, '목적에 맞게'(zweckvoll) 환생한 겁니다.

흡사 신을 보는 것 같기도 합니다. 흙으로 형상을 빚은 뒤 영혼을 불어넣어 생명체를 만드는 모습 말이에요. 실제로 마르크스는 여기서 아주 흥미로운 단어를 썼습니다. '영혼이 부여된다'라고 내가 옮긴 'begeisten'인데요. 언뜻 'begeistern'을 잘못 쓴 게 아닌가 생각할 수도 있습니다. 'begeistern'은 '열정을 불어넣다'(영어로는 'fill into enthusiasm')라는 뜻을 가진 단어입니다. 물론 이 단어로 읽어도 약간의 의미는 통합니다. 하지만 죽은 것을 소생시킨다는 의미를 제대로 드러내지는 못합니다. 이와 달리 'begeisten'은 말 그대로 '정신'(Geist) 내지 '영혼'(Seele)을 갖게 하는 겁니다(영어로는 'make into spirit'). 새로운 존재로 환생시키는 거죠. 방적공은 면화의 형태를 변형시킨 뒤 면사의 영혼을 집어넣습니다. 그러면 면화는 이제 면사로서, 새로운 기능, 새로운 직분을 수행하면서, 새로운 삶을 살아갑니다('begeisten'이라는 단어에 대한 좀 더 상세한 이야기는 부록노트를 참조하세요).

이로써 우리는 노동자의 활동이 단지 '노동'이어서가 아니라 '살아 있는 노동'이기 때문에 가능한 두 가지 일을 알게 되었습니다. 살아 있는 노동은 한편으로 죽어 있는 사물(노동수단과 노동대상)을 '살려내는' 노동이며, 다른 한편 가능성으로만 존재했던 사용가치를 '현실화'하는 노동, 다시 말해 새로운 사용가치를 '낳는' 노동입니다. 그렇습니다. 이것이 노동과정으로서 생산과정을 이해했을 때, 즉 사용가치 생산이라는 점에서 생산과정을 바라보았을 때 노동자의 '살아 있는 노동'이 갖는 힘입니다. 아직은 조금 이른 이야기지만(거듭 말하지만 아직 자본주의라는 사회형태를 고려하고 있지 않으니까요), 노동자는 자본가에게 이토록 놀라운 재능을 사용할 권리를 팔아넘긴 겁니다.

3

자본가의 통제 아래서

————

소외된 노동

자본가의 목적에 부합하려면
노동과정은 최대한 합리적이어야 합니다.
여기서 '합리적'이라는 말은
'효율성'을 의미합니다.
투입 대비 산출이 최대가 되어야 한다는 말이죠.
마르크스의 표현 중에
'낭비하지 않도록'이라는 말이 있는데요.
노동과정에 대한 '자본가의 통제'에서
가장 핵심적인 것이 아닐까 싶습니다.
'관리'의 핵심은 '합리성',
달리 말하면 '효율성'이죠.

『라이프치거 일루스트리어테 차이퉁』에 실린 삽화, 〈1849년경의 공장 내부〉.
자본주의에서 통제권을 가진 사람은 자본가다.
노동자가 노동력 사용권을 자본가에게 넘겼으므로,
노동자는 자신의 독자적 의지를 포기하고
자본가의 의지를 수령해 실행하는 사람이 된다.

노동과정에 대한 이제까지의 이야기는 특정한 사회형태를 전제하지 않은 상태로 한 겁니다. 자본주의 이전에도 인간은 필요한 사용가치를 노동으로 얻었습니다. 어느 시대에도 노동과정이란 인간이 노동수단을 이용해 노동대상을 합목적적으로 변형하는 과정이었습니다. 그뿐이 아닙니다. 자본주의 이전에도 인간의 노동은 '살리는 노동'이었습니다. 조선시대에도 구석에 방치된 씨앗들은 썩어 문드러졌고 농기구는 녹이 슬었습니다. 농부들은 보습으로 땅을 파고 씨앗을 심어 곡식을 키워냈고, 밤새 물레를 돌려 면화를 면사로 바꾸었습니다. 앞서 내가 '노동자'라는 말을 자주 썼습니다만 '노동하는 인간'이라는 일반적 의미에서 한 말이지 자본주의 사회의 노동자만을 가리켰던 것이 아닙니다.

○ 노동과정은 노동과정이다, 그런데······

노동을 특정한 사회형태 속에서 고찰하지 않았다는 것은 노동을 그저 인간과 자연 사이의 물질대사만으로 보았다는 뜻이기도 합니다. 인간들 사이의 관계를 고려하지 않은 것이죠. 그래서 우리는 노동과정이 "어떤 조건에서 행해진 것인지를 알 수 없"습니다. "그 과정이 노예감시인의 잔인한 채찍 아래서 이루어진 것인지, 자본가의 면밀한 시선 아래서 이루어진 것인지, 아니면 [덕망이 높았던 로마 정치인] 킨킨나투스(Cincinnatus)가 자신의 작은 땅을 [직접] 일구며 행한 것인지, 아니면 야만인이 돌멩이로 짐승을 때려잡으며 행한 것인지 알

수가 없"습니다.[김, 246; 강, 274]

이는 『자본』 제1장에서 상품을 다룰 때와 같습니다. 어느 시대나 사람들은 일상에서 노동생산물을 사용했습니다. 면사는 언제 어디서나 면사였습니다. 그런데 어떤 조건에서 면사는 상품이 됩니다. 일터는 일터입니다. 그러나 자본주의의 일터는 다른 시대의 일터와 다릅니다. 똑같은 동작으로 똑같은 물건을 만들어내더라도 생산활동과 생산물의 의미가 달라집니다.

마르크스는 이제야 준비가 되었다는 듯 독자들에게 말합니다. "장차 우리의 자본가가 될 사람에게 돌아가보자."[김, 246; 강, 274] '장차 자본가가 될 사람'에게 돌아간다는 건, 지난 책의 마지막 장면(『자본』 제4장의 끝부분)으로 돌아간다는 뜻입니다. 거기에는 '장차 노동자가 될 사람'도 있었죠. '장차'(in spe)라는 말을 쓴 것은 아직 상품생산이 시작되지 않아서 그렇습니다. 자본가가 '아직은' 화폐자산가로서 상품생산을 위해 노동력과 생산수단을 구매하던 때인 거죠. 노동력을 판매한 노동자가 '아직은' 노동을 시작하지 않았을 때이기도 합니다. 노동과정에 대한 앞서의 이야기는 일종의 준비였던 셈입니다. 자본주의 노동과정의 독특함을 드러내는 데 필요한 일반론이었다고 할까요.

그런데 지난 책의 마지막 장면에서 우리는 무언가를 예감했었습니다. 우리의 노동자가 그리 행복할 것 같지 않다는 예감. 그의 얼굴에 드리운 그늘을 보았죠. 왜 그랬을까요. 마르크스의 말처럼, 자본주의라고 해서 노동과정이 "당장에 변하는 것은 아닐" 텐데 말입니다.[김, 247; 강, 274] 화폐자산가에게 고용된 제화공은 일단은 예전에 하던 대로 구두를 만들 겁니다. 방적공도 예전 방식으로 실을 잣겠지요. 나중에는 작업방식이 세분화될 수도 있고 기계가 사용될 수도 있겠지만 당장 그런 일이 일어나지는 않습니다. 예비 노동자가 자신의 일하는 방식이 바뀔까 봐 침울한 표정을 지었던 것은 아닐 겁니다. 노동과정만 떼놓고 보면 변한 게 없는데 도대체 무엇이 달라진 걸까요.

○ 자신의 통제 vs. 자본가의 통제

인간노동의 합목적성과 관련해 건축가는 아무리 서툰 경우에도 꿀벌보다 뛰어나다고 했습니다. 인간은 목적에 맞게 물건을 만들어내는 동시에 자기 안에 잠재한 능력을 일깨웁니다. 생산수단과 관련해서도 마찬가지입니다. 인간의 '살아 있는 노동'은 죽은 것을 '살려내는 노동'이자 사물 안에 잠재한 사용가치를 현실화합니다. 그런데도 이 놀라운 마법을 보여줄 예비 노동자의 표정이 어둡습니다. 왜일까요.

앞서 말한 것처럼 인간의 어떤 재능이 어떤 의미를 가질지, 그것이 기쁨의 원인일지 슬픔의 원인일지는 정해져 있지 않습니다. 그것이 어떻게 배치되는가를 보아야 하죠. 이제 자본주의를 고려할 때입니다. 과연 자본주의 생산양식 안에서 노동과정은 어떤 의미를 가질까요.

마르크스는 "노동과정이 자본가가 구매한 노동력의 소비과정이 되면 두 가지 독특한 현상이 나타난다"라고 했습니다.[김, 247; 강, 275] 그 하나는 노동자의 노동이 자본가의 통제 아래서 이루어진다는 점이고, 다른 하나는 노동생산물이 직접 생산자인 노동자가 아니라 자본가의 소유물이 된다는 점입니다.

먼저 '자본가의 통제'라는 말을 볼까요. 노동과정은 노동자가 노동수단을 이용해 노동대상을 목적에 맞게 변형하는 과정이라고 했는데요. 자본주의에서는 이 동일한 과정을 매우 다르게 묘사할 수 있습니다. 방금 말한 것처럼 그것은 자본가가 자신이 구매한 상품을 사용하는 과정이라고요.

『자본』제5장의 첫 문장을 다시 떠올려볼까요. "노동력의 사용은 노동 그 자체다." 노동이란 곧 노동력의 사용이라는 건데요. 이 간단한 문장이 이제 조금 달리 느껴질 겁니다. 자본주의를 전제하지 않았을 때 이 문장은 동어반복처럼 들렸지요. 마치 삼각형은 세 각으로 이루어졌다는 말처럼요. 하지만 자본주의를 전제하면 그렇지가 않습니다. 노동하는 사람과 노동력의 사용권을 가진 사람이 다르니까요. 자본주의를 전제할 때와 그렇지 않았을 때 노동력의 사용 주체가 다릅니다. 자본주의를 전제하지 않았을 때 '노동력의 사용'이라는 말은 인간이 자신의 재능을 발휘하는 과정을 의미합니다. 하지만 자본주의를 전제하면 자본가가 자신이 구매한 상품을, 즉 타인의 노동력을 소비하는 과정이 되는 겁니다.

사실 마르크스는 제5장의 첫 번째 단락과 두 번째 단락에서 '통제'(Kontrolle)라는 말을 대구를 이루도록 썼습니다. 첫 번째 단락에서는 '자본가의 통제'라는 말을 썼고요.[김, 237; 강, 265] 두 번째 단락에서는 노동하는 인간 '자신의 통제'라는 말을 썼습니다.[김, 238; 강, 266] 두 번째 단락은 인간이 기본적으로 노동 즉 자신과 자연의 물질적 대사과정을 통제한다는 뜻이고, 첫 번째 단락은 자본주의에서는 그 과정을 자본가가 통제한다는 점을 미리 말해준 겁니다.

노동을 감독하고 통제하는 주체가 다릅니다. 그렇다고 노동하는 사람이 달라진 건 아닌데요. 다만 통제권이 노동하는 사람 자신에게 있는가 아니면 다른 사람에게 있는가 차이입니다. 사회형태를 고려하지 않고 말했을 때 우리는 노동의 통제권은 노동하는 인간 자신에게 있는 것처럼 말했습니다. 노동하는 인간이 의지를 발휘해 자신이 설정한 목적에 부합하도록 정신과 신체의 기관들에 통제력을 발휘하는 것이라고요. 그런데 자본주의에서는 통제권을 가진 사람이 자본가입니다. 노동자가 노동력 사용권을 자본가에게 넘겼으니까요. 노동자가 자신의 독자적 의지를 포기하고 자본가의 의지를 수령해 실행하는 사람이 된 겁니다. 마치 지주 밑에서 일하는 마름처럼 명령을 받아 전달한다고 할까요.

그런데 문제는 노동자가 전달하는 명령을 수행해야 할 존재가 노동자 자신의 정신과 신체라는 겁니다. 이때 노동자의 정신과 신체기관들은 당혹스러운 사태를 맞습니다. 자신의 의지가 마치 타인처럼 명령을 내리니까요. 너무 고통스럽고 힘들다는 신호를 보내는데도, 심지어 손상을 입고 망가지고 있는데도 계속해서 목표를 완수하라는 명령이 내려옵니다. 내 본능에 맞지 않는 노동, 내게 슬픔을 유발하고 결국에는 내 정신과 신체를 파괴하는 활동을 내 의지가 강력하게 명령하는 겁니다.

스피노자는 "전제국가에서 사람들은 안전만큼이나 예속을 위해서 장렬히 싸운다"라고 했는데요.[7] 인간이 자발적으로 슬픈 상태, 예속 상태를 위해 나아가는 것은 매우 이상한 일입니다. 마르크스가 『자본』에서 해명하고자 하는 문제 중 하나가 이것입니다. 사실 해명할 것도 없는지 모르겠습니다. 우리는 이미 경험적으로 또 감각적으로 그 이유를 아니까요.

◦ 노동자는 어떻게 에일리언이 되는가

나 자신이 내게 타인처럼 느껴지는 것을 '소외'(Entfremdung)라고 합니다. 마르크스의 말처럼 합목적성이 인간의 고유한 자질이라면 노동의 소외는 이 자질에서 생겨난 인간 고유의 질병입니다. 인간의 자질에서 생겨난 인간의 질병, 한마디로 인간이 인간을 앓는 병이라고 하겠습니다.

'소외'를 영어로는 'alienation'이라고 하는데요. 라틴어 'alienus'에서 온 말입니다. 'alius'는 '타자'(other)를 뜻하고, 'alienus'는 '다른 사람 혹은 다른 장소에 속하다'(belonging to another person or place)를 뜻합니다. 즉 타자 소유 혹은 타국

소속이라는 뜻이죠. 이로 인해 이 말은 다시 '타자에게 양도하다' 혹은 '이방인[외국인]으로 대하다'라는 뜻도 갖게 됩니다.

　근대법 이론에서는 이 말이 사회질서를 위해 스스로의 주권적 권리를 군주에게 양도하는 것을 가리켰다고 합니다. 피터 오스본(P. Osborne)은 법적 권리 양도에 쓰이던 말이 나중에 정치경제학에서 판매와 구매를 통한 소유권 양도에도 쓰였다고 했습니다.[8] 그런데 법 이론에서 쓰일 때와 정치경제학에서 쓰일 때 뉘앙스가 좀 달라진다고 합니다. 자연법 이론에서는 'alienation'이 권한의 '상실' 내지 '손실'이라는 부정적 뉘앙스를 띠는데 정치경제학에서는 그렇게 부정적이지 않습니다. 등가교환을 통해 넘겨주면 손실이 생기지 않으니까요. 자신의 것이지만 처분 가능한 것을 넘겨주는 것뿐입니다. 오스본은 '소외'라는 말의 두 가지 독일어 번역, 'Entfremdung'과 'Entäußerung'[우리는 보통 전자를 '소외', 후자를 '외화'(外化)라고 번역합니다]이 이렇게 생겨난 것 같다고 말합니다. 자유와 권한을 잃은 상태가 'Entfremdung'이고(본래는 의식을 잃어 신체를 움직일 수 없는 혼수상태를 지칭하는 데 쓰였답니다), 나 자신으로부터 분리되어 처분 가능한 사물로 외화되는 것이 'Entäußerung'이라고요.

　그런데 우리는 '소외'에 담긴 이 두 가지 의미를 노동력의 판매에서 모두 확인할 수 있습니다. 노동력을 판매한다는 것은 한편으로 노동력 사용에 대한 자신의 통제권, 다시 말해 활동의 자유를 상실하는 것이고요, 다른 한편으로는 자신의 능력을 마치 처분 가능한 사물처럼 외화해서 타인에게 넘겨주는 것이기 때문입니다. 그리고 우리는 이것을 마르크스가 자본주의 노동과정의 고유한 특징이라고 말한 두 가지 현상에서 다시 확인합니다. 'Entfremdung' 즉 '권한을 잃은 상태'는 노동자의 노동에 대한 '자본가의 통제'라는 첫 번째 현상에 상응하고, 'Entäußerung' 즉 '자신의 것을 외적 사물로 만들어 넘기는 것'은 자신의 생산물에 대한 권리를 타인에게 넘기는 두 번째 현상에 상응합니다.

참고로 이 두 번째 현상은 언뜻 근대의 사적 소유 개념과 충돌하는 것처럼 보입니다. 근대의 사적 소유 개념은 신체에 대한 천부적 소유권에서 시작해 그 신체가 생산해낸 생산물의 사적 소유를 정당화하는 쪽으로 나아가니까요. 존 로크가 대표적이죠. "모든 사람은 자신의 인신(person)에 대해서는 소유권을 가지고 있다. 이것에 관해서는 그 사람 자신을 제외한 어느 누구도 권리를 갖고 있지 않다. [이로부터] 그의 신체의 노동과 손의 작업은 당연히 그의 것이라고 말할 수 있다."[9] 신체의 소유를 허용한 노예제가 아닌 이상 노동자가 직접 생산한 것은 노동자의 것이 되어야 한다는 겁니다.

그런데 자본주의에서는 생산물이 노동자가 아니라 자본가의 소유물입니다. 이 미묘한 문제를 해결하려면 노동력을 노동자의 신체와는 별개인 것처럼, 그래서 노동자의 신체는 노동자의 것이지만 노동력은 자본가의 것, 다시 말해 자본의 일부임을 분명히 해야겠지요. 이것이 마르크스가 주석에서 제임스 밀의 말을 인용한 이유가 아닐까 싶습니다. "자본가는 자본의 소유자일 뿐만 아니라 노동[노동력]의 소유자이기도 하다. …… 자본이라는 단어는 자본과 노동[노동력] 모두를 포함한다"라고요.[김, 248, 각주 11; 강, 275, 각주 10]

그래서 자본주의에서는 노동과정이 노동자의 생산활동으로서가 아니라 자본가의 상품소비과정으로 나타납니다. 자본가에게 노동력은 탈인격화된 사물입니다. 눈앞에서는 분명 어떤 인간이 일을 하고 있지만 이것이 '인격체'의 생산활동으로 보이면 안 됩니다. 인간에서 떨어져 나온 '노동력'이라는 상품 자체가 살아 움직이는 것처럼 보여야 합니다(『자본』 제2장 첫 단락에 나온 '상품은 사물'이라는 말의 의미와 폭력성을 여기서 다시 확인하게 됩니다(『화폐라는 짐승』, 19~28쪽).

마르크스는 자본가가 구매한 노동력을 '살아 있는 효모'라고 불렀는데요. 실제로는 노동자가 일하지만 자본가 눈에는 자신이 구매한 효모가 일하는 것과 같습니다. 노동과정이란 생체 상품인 '살아 있는 효모'(노동력)와 죽어 있는 사물(생산수단) 사이에서 벌어지는 물질대사일 뿐이죠. 효모가 무엇을 만들어내든 생산물은 이 과정을 주관한 유일한 인간, 즉 자본가에게 모두 귀속됩니다. "그러므로 이 과정의 생산물은 마치 포도주 창고에서 일어나는 발효과정의 산물이 그런 것과 똑같이 그에게 귀속된다."[김, 248; 강, 275]

◦ 노동자는 왜 동물로 돌아갔을 때 행복한가

노동과정을 자본가의 상품소비과정으로 본다면 자본가가 어떻게 행동할지 추론하기는 어렵지 않습니다. 자본주의를 염두에 두지 않았을 때 노동이란 목적에 부합하는 물건을 만들어내는 것이었습니다. 그런데 자본가에게 '목적에 부합'한다는 말은 단지 생산물의 형태에만 관계된 것이 아닙니다. 어떤 식으로 얼마나 많은 양을 생산하느냐도 중요하죠. 자본가에게 노동과정은 자신이 구매한 상품, 다시 말해 이미 값을 치른 상품을 사용하는 과정입니다. 그리고 여기에 그의 이익이 달려 있습니다. 자본가가 어떻게 행동할지는 물어볼 필요도 없죠.

노동자의 노동과 관련해 자본가는 노동자의 능력이 최대한 발휘되도록 강제할 겁니다. 노동력을 최대한 짜내는 것이죠. 죽은 것을 살려내는 능력으로서든 잠재적 사용가치를 현실화하는 능력으로서든, 노동의 합목적성이 최대한 효과를 내도록 할 겁니다. 생산수단과 관련해서는 "원료를 조금도 낭비하지 않도록", 노동수단에는 최대한 "손상을 입히지 않도록" 신경 쓸 겁니다.[김, 247; 강, 275]

자본가의 목적에 부합하려면 노동과정은 최대한 합리적이어야 합니다. 여기서 '합리적'이라는 말은 '효율성'을 의미합니다. 투입 대비 산출이 최대가 되어야 한다는 말입니다. 마르크스의 표현 중에 '낭비하지(vergeuden) 않도록'이라는 말이 눈에 띄는데요. 노동과정에 대한 '자본가의 통제'에서 가장 핵심적인 것이 아닐까 싶습니다. '관리'(management)의 핵심은 '합리성', 달리 말하면 '효율성'이죠.

마르크스는 '낭비'라는 단어를 '원료'에 대해서만 사용했습니다만 노동과정에 투입된 요소들 모두에 적용 가능한 말입니다. '낭비'라는 말은 직접적으로는 '함부로' '허투루' 쓰는 것을 지칭하지만, 이미 값을 치른 상품의 소비에 적용할 때 그것은 '충분히 짜내지 못한 것'에도 적용됩니다. 더 뽑아낼 수 있는데도 그러지 못했다면 낭비했다는 말을 쓸 수 있죠. 노동력을 더 짜낼 수도 있었다고 판단할 때 혹은 생산수단을 법적 사용 연한 때문에 폐기해야 할 때, 자본가에게 그것은 단지 '충분하지 못했다'에 머물지 않습니다. 그것은 낭비입니다.

이런 상황 속에서 일하는 노동자가 행복할 리 없습니다. 앞서 '소외'라는 표현을 썼는데요. 마르크스가 언급한 자본주의 노동과정의 두 가지 현상을 '소외'로 말할 수 있습니다. 자본가의 통제 아래서 노동한다는 것은 '노동자의 노동과정으로부터의 소외'(혹은 '생산자의 생산과정으로부터의 소외')라고 할 수 있고요, 노동자의 생산물이 자본가의 소유물이 되는 것은 '노동자의 노동생산물로부터의 소외'라고 할 수 있습니다.

마르크스는 『경제학 철학 초고』에서 이 두 가지 소외 형태에 대해 일찌감치 이야기한 바 있습니다.[10] 그는 정치경제학자들(국민경제학자들)이 "노동자와 생산 사이의 관계를 고찰하지 않음으로써 노동의 본질 내부의 소외를 은폐"하고 있다며 분노했습니다.[11] 정치경제학자들은 '소유'에서 시작합니다. 자본가는 자본을 갖고 있고 지주는 토지를 갖고 있으며 노동자는 노동력을 갖고 있을 따름입니다. 물론 정치경제학자들은 이런 식의 '소유'가 어떻게 생겨났는지는 설명하지 않습니다. 마르크스는 소유에 대한 초역사적 믿음에서 시작하지 않습니다. 그는 '현재의 사실', 그것도 매우 역설적으로 보이는 '사실'에서 시작합니다. 자본주의에서 노동자는 "부를 많이 생산할수록 가난"해집니다. "더 많은 상품을 생산할수록 더 값싼 상품이 됩"니다. "노동의 현실화는 너무나 심하게 탈현실화로 나타나 노동자로서 아사에 이르고 말 정도로 탈현실화된다."[12]

젊은 마르크스는 이런 역설적 현실을 '소외'로 파악했습니다. 자본주의에서 생산물은 직접 생산자인 노동자에게 외적인 것, 낯선 것입니다. 노동자가 만든 것이지만 노동자와 마주한 자본가의 힘을 나타냅니다. 노동과정이란 "노동자가 자신의 생명을 대상 속에 불어넣는" 일이지만, 그 생산물은 노동자의 것이 아니라 자본가의 것이 되기 때문에, 노동자는 더 많은 생산물을 만들어낼수록, 다시 말해 더 많은 노동을 할수록 생명을 잃어갑니다.[13]

그런데 생산자가 생산물로부터 소외되는 현상은 생산자가 생산과정으로부터 소외되는 것의 귀결입니다. 첫 번째 소외가 생산물이 생산자 자신에게 낯선 사물, 심지어 대립하는 사물이 되는 것이라면, 두 번째 소외는 생산활동 자체가 생산자에게 낯선 활동, 심지어 대립하는 활동이 되는 것입니다. 생산물처럼 생산활동도 외화되었다는 표현을 쓸 수 있는데요. 활동이 그 주체의 본성 내지 본능에 맞지 않는다는 점에서 그렇습니다. 젊은 마르크스는 생산활동으로부터의 소외를 이렇게 묘사합니다. "노동자는 노동 속에서 자신을 긍정하는 것이 아니라 부정하며, 행복을 느끼는 것이 아니라 불행을 느끼며, 자유로운 육체적·정신적 에너지를 발휘하는 것이 아니라 고행으로 자신의 육체를 쇠약하게 만들고 그 정신을 파멸시킨다. 그러므로 노동자는 노동 바깥에서야 비로소 자기 자신과 함께 있다고 느끼며, 노동 속에서는 자기가 자신을 떠나 있다고 느낀다."[14]

합목적적 노동은 인간의 고유한 자질이라고 했습니다. 그런데 자본주의에서 노동하는 인간은 노동을 하지 않을 때에야 자신을 되찾았다고 느낍니다. 노동할 때는 자신이 마치 남처럼 느껴지고요. 노동 바깥에서 자신을 느끼는 것, 이는 노동이라는 활동이 '외화'되었음을 말해줍니다. 그리고 노동할 때의 내가 나 같지 않다는 것, 마치 나 자신이 '에일리언'처럼 느껴진다는 것은 '이방인 되기'라고 할 수 있지요. 소외라는 말의 이중적 의미('Entfremdung'과 'Entäußerung')를 모두 보여줍니다.

그러므로 노동자가 노동을 "페스트처럼 기피"하는 것은 당연합니다. 우리는 이제야 시리즈의 4권에서 확인했던 마지막 장면을 이해할 수 있을 것 같습니다. 그 노동은 형식적으로는 자발적이지만 실제로는 '강제노동'이며, 노동자는 장차 자신의 것이 될 수 없는 생산물을 생산하면서 "자기 자신을 상실"할 것입니다.[15] 그러니 노동자가 그 문 앞에서 주춤주춤하는 건 당연합니다.

마르크스는 건축가가 꿀벌보다 뛰어나다고 했습니다. 그런데 소외된 노동 속에서 우리는 꿀벌보다 못한 건축가를 만납니다. 자본주의에서 노동하는 인간은 다른 동물에게는 없는 인간만의 고유한 자질을 발휘해 노동할 때 동물보다 못하다는 것을 느낍니다. 오히려 동물로 돌아갈 때 행복을 느끼죠. 마르크스의 말을 마저 들어볼까요. "인간(노동자)은 그의 동물적 기능들, 즉 먹는 일, 마시는 일, 생식하는 일 등에서만, 기껏해야 자신의 거주와 의복 등등에서만 가까스로 자신이 [인간으로서] 자유롭게 활동한다고 느끼고, [노동과 같은] 그의 인간적인 기능들에서는 자신을 동물로서 느낀다는 결론이 나온다. 동물적인 것이 인간적인 것이 되고, 인간적인 것이 동물적인 것이 된다."[16] 노동자들은 일할 때는 짐승이 된 기분이 들고, 먹고 마실 때만 사람답게 산다는 생각이 든다는 거죠. 이상하죠. 합목적적 노동은 인간만의 자질이고, 먹고 마시는 건 짐승들도 하는 건데요.

∘ '소외'는 『자본』에서도 중요한 주제

물론 소외에 대한 젊은 마르크스의 언급에는 비판적으로 검토해야 할 주제들이 있습니다. 소외되지 않은, 더 나아가 역사와 무관한 '본래적 인간'이 있는가. 또 인간을 다른 모든 동물종들과 구별되는 '유적 존재'(Gattungswesen)로 볼 수 있는가. 『경제학 철학 초고』에서 우리는 따져봐야 할 문제를 많이 만납니다. 그리고 이 문제들에 대해 누구보다 마르크스 자신이 비판적 견해를 내놓았지요. 바로 1년 뒤에 쓴 『독일 이데올로기』에서 말입니다. 그는 '본래적 인간'(원형적 인간)(Urmenschen) 따위는 존재하지 않으며,[17] 인간은 항상 특정한 사회형태 속에서만 존재한다고 했지요.[18] 인간의 본성도, 인간이 마주하는 자연도 역사와 무관하지 않습니다. 사실 이 시리즈 내내 우리는 역사유물론자로서 마르크스의 이런 면모를 확인해 왔습니다.

　하지만 그렇다고 해서 '소외'에 대해 마르크스가 젊은 시절에 가졌던 문제의식이 사라진 것은 아닙니다. 앞서 살펴본 것처럼 자본주의 노동과정에는 우리가 소외라고 부를 만한 현상이 분명히 존재합니다(나는 우리가 '본래적 인간'을 상정하지 않고도 소외에 대해 말할 수 있다고 생각합니다. 이에 대해서는 부록 노트를 참조하세요). 실제로 『자본』에서도 마르크스는 소외라는 말을 몇 군데에서 사용하고 있습니다. 단순히 스쳐가듯 쓰는 것이 아닙니다. 그는 중요한 대목들에서 매우 일관된 방식으로 이 표현을 사용합니다. 『경제학 철학 초고』만큼 빈번히 쓴 표현은 아니지만 그가 노동의 '소외'를 자본주의 생산양식의 중요한 특징으로 보는 것은 틀림없습니다.

　『자본』에서 '소외' 표현이 사용된 주요 대목을 미리 간략히 소개해두고자 합니다(나중에 우리가 접할 내용이고 그때마다 따로 검토하겠습니다만). 우선 제13장(영어판은 제15장) '기계와 대공업'에서 우리는 '소외'라는 표현을 접할 겁니다. 생산수단인 기계와 생산자인 노동자의 대립을 다루는 부분인데요. 자본주의에서 노동자는 왜 기계와 대립하는가, 그것은 노동수단과 노동과정 모두가 노동자로부터 독립적이고 소외된 형태를 취하기 때문입니다. 앞에서 나는 현재의 노동자가 생산수단에 담긴 과거 노동의 흔적, 과거 노동자의 목소리를 들을 수 없다고 했는데요. 그것이 과거 노동자의 생산물이 아니라 현재 자본가의 소유물로 나타나기 때문입니다.

그러므로 노동자는 생산수단을 별로 사랑하지 않습니다. 마르크스는 『자본』 III권에서도 노동자가 생산수단 절약에 무관심한 이유를 길게 설명했는데요.[19] 기본적으로는 지금 말한 것과 같은 이유죠. 노동자가 능력을 발휘해 생산수단을 아낄 수도 있지만 어차피 그 성과는 자본가에게 돌아갈 것이므로 무관심할 수밖에 없습니다. 게다가 나중에 보겠지만 기계는 노동자의 노동을 효율적으로 빨아들이는 장치이기 때문에 노동자로서는 그것을 아끼고 사랑하기가 힘들죠. 자본가가 그 착취수단에 얼마나 돈을 썼는지 노동자는 관심이 없습니다. 마르크스의 표현을 빌리자면 "말이 고삐나 굴레에 무관심한 것처럼" 말입니다.

생산수단을 아끼고 사랑하지 않는 데는 노동자와 생산수단의 결합 방식을 자본가가 정한다는 사실도 한몫합니다. 그래서 노동자가 능력을 발휘해도 어차피 생산공정과 작업방식을 결정한 자본가의 혁신으로 평가받습니다. 생산수단의 절약은 자본가의 업적입니다. 그런데 절약이 자본가의 업적이라면 낭비 또한 자본가의 책임이 되어야겠지요. 노동자가 책임질 일이 아니라는 말입니다. 이 모든 것이 '소외된 노동'의 모습입니다. 노동하는 인간이 자신의 도구나 원료를 함부로 다루는 것, 아니 그 이전에 인간노동의 성과물인 생산수단들과 적대적 관계가 되는 것 말입니다.

다음으로 『자본』 제21장(영어판은 제23장) '단순재생산'에서 '소외'라는 표현이 나옵니다. 제21장은 지난 책의 마지막 장면, 즉 노동자가 노동력을 자본가에게 판매하는 장면이 자본주의에서는 왜 반복될 수밖에 없는지 이야기하는 곳인데요. 여기서도 마르크스는 앞서 우리가 다룬 내용을 반복합니다. 노동력 판매로 노동 자체가 소외되었기 때문에 노동생산물이 타인의 것이 되고, 생산과정 자체도 노동자의 창조력이 발휘되는 과정으로서가 아니라 자본가의 상품소비과정으로 나타난다고요.

제22장(영어판 제24장) '잉여가치가 자본으로 전화'에도 '소외'가 나오는데요. 여기서 마르크스는 아예 '자본'의 정체가 '노동의 소외된 형태'에 다름 아니라고 말합니다. 이에 대해서는 나중에 나눌 이야기가 많습니다만, 지금 수준에서 몇 마디만 해두자면, 자본의 축적이란 노동자가 생산한 가치 중에서 노동자에게 지불된 것이 아닌 부분, 즉 '잉여가치'로 구성된 것이므로, 과거 노동자의 땀방울이라고 할 수 있죠. 생산

수단에 과거 노동의 흔적이 있다고 했는데요. 실은 '자본' 전체가 과거의 '노동'입니다.

제23장(영어판 제25장) '자본주의적 축적의 일반법칙'에도 '소외'가 나옵니다. 마르크스는 자본주의에서는 생산성 향상이 노동자의 희생 위에 이루어진다고 말하는데요. 노동자의 생산성이 증대할수록 노동자는 '부분 인간'으로 전락하고, 기계의 부속물이 된다고 합니다. 그럴수록 노동자는 노동을 더 혐오하게 되지요. 특히 지적 노동의 성과인 과학이 노동과정에 들어올수록 노동자는 지적으로 더 무능해지는 존재가 된다고 했습니다. 이것을 '소외'라고 했지요.

방금 언급한 것은 마르크스가 직접 '소외'라는 표현을 사용한 곳입니다. 물론 지금 우리가 언급한 장처럼 '소외'라는 표현을 직접 쓰지는 않아도 그 내용을 담고 있는 곳도 있습니다. 앞으로 『자본』을 읽어가면서 우리는 각각의 고유한 맥락에 따라 '노동의 소외'가 갖는 의미를 읽게 될 겁니다.

노동과정에서 겪는 소외에 대한 이야기는 이쯤 해두고요. 이제 노동과정을 아주 다른 조명으로 다시 비춰볼까 합니다. 자본주의에서 노동생산물은 단지 노동생산물이기만 한 것이 아닙니다. 자본주의에서 생산되는 것은 상품입니다. 상품은 가치를 담고 있는 생산물입니다. 그러므로 상품을 생산한다는 것은 사용가치를 생산하는 동시에 가치를 생산한다는 이야기죠. 이제 생산과정을 가치생산과정, 가치증식과정으로 읽어보겠습니다.

4

요술의 성공, 마침내 탄생한 괴물

_____

가치를 늘리는 노동

마르크스는 새로운 사실을 발견한
사람이 아닙니다.
『자본』에는 우리가 몰랐던 사실이 없습니다.
우리가 '본 것'을 '알아보게' 할 뿐입니다.
아주 전복적인 방식으로 말이죠.
마르크스는 자본의 탄생을 '괴물의 탄생'으로
묘사합니다. 그런데 이 괴물은
마치 요술을 부리는 마법사처럼 보입니다.
"죽은 대상에 살아 있는 노동력을 합체함으로써
자본가는 과거의 대상화된 죽은 노동을 자본으로,
즉 스스로 증식해가는 가치로,
마치 상사병에라도 걸린 듯 '일하기' 시작하는
살아 있는 괴물로 전화한다."

오노레 도미에, 〈가르강튀아〉, 1831.
살아 있는 노동을 흘려 넣자마자 살아나는 괴물!
스스로 증식해가는 괴물!
괴물은 계속해서 '살아 있는 노동'을 갈구한다.
자본주의는 산 것으로 죽은 것을 살찌우는 체제다.

자본가가 CCTV를 통해 지켜보든 노예감시인이 채찍을 휘두르든 일정한 생산과정을 거치면 어느 시대 어느 곳에서건 물건들이 나옵니다. 자본주의에서도 많은 물건들이 생산되고 있지요. 역사상 존재했던 그 어떤 생산양식보다도 많은 물건들을 생산합니다. 그런데 자본가가 이렇게 많은 물건들을 만들어내는 이유는 인류의 진보나 복지를 위해서가 아닙니다. 마르크스의 말을 흉내 내자면, 스마트폰 보급이 사회 진보의 토대이고 청바지를 입은 우리의 자본가가 확고한 진보주의자라 할지라도, 그는 스마트폰 그것 자체를 위해 스마트폰을 생산하지 않습니다.[김, 248; 강, 276]

◦ 자본가의 관심은 인류 복지가 아니다

자본가가 원하는 것은 물건이 아니라 이윤입니다. 그가 마음을 쓰는 것은 인류 복지가 아니라 잉여가치입니다. 새로운 사용가치는 그가 갈망하는 '황금알'이 아닙니다. 물론 더 많은 물건을 더 싸게 만들어 더 많은 사람들이 이용하기를 바라는 자본가도 있을 수는 있습니다. 첨단 기술을 사용해 더 많은 사람들이 더 쉽게 소통할 수 있는 세상을 바라는 마음에서 스마트폰을 만든 자본가가 있을지도 모르죠. 하지만 자본의 인격적 구현인 한에서 자본가는 그렇지 않습니다. 그의 욕망은 자본의 정의 자체입니다. 자본이란 가치를 증식해가는 가치죠. 자본가는 더 많은 물건이 아니라 더 많은 가치를 원하는 사람입니다.

그럼 왜 가치를 바로 생산해버리지 사용가치를 생산할까요?『자본』제1장에서 본 것처럼 가치는 유령 같아서 몸뚱이를 필요로 합니다. 몸뚱이 없이는 우리 세계에 출현할 수도, 이동할 수도 없습니다. 사용가치를 갖는 물건은 교환가치[가치]의 몸뚱이, 교환가치를 담는 그릇입니다. 마르크스의 표현을 그대로 쓰자면 가치의 '물질적 토대'(materielles Substrat)이자 '운반체'(Träger)라고 할 수 있지요. 자본가가 사용가치를 생산하는 목적이 이것입니다. 만약 가치를 담을 수 없다면, 더 나아가 가치를 늘리는 데 도움이 되지 않는다면 자본가는 아무리 세상에 필요한 물건이라 해도 생산하지 않습니다.

그래서 육신에 영혼이 담기듯 자본가가 생산한 물건에는 가치가 담깁니다. 이것이 상품입니다. 상품은 사용가치와 가치라는 두 겹의 옷을 입고 있습니다. 사용가치와 가치의 통일이라 할 수 있죠. 그런데 상품을 생산하는 과정도 마찬가지입니다. 자본주의적 생산과정은 두 겹의 옷을 입고 있어요. 그것은 물건을 만들어내는 노동과정이자 가치를 형성하는 과정, 가치를 늘리는 과정입니다. 즉 "노동과정과 가치형성과정의 통일"이라 할 수 있습니다.[김, 249; 강, 276]

◦ 투입물과 생산물의 가치 분석

이제부터 상품생산과정을 새로운 사용가치를 만드는 과정이 아니라 가치를 늘리는 과정으로서 살펴보겠습니다. 상품가치의 변동과정을 살피려면 상품가치가 어떻게 결정되는지는 기억하고 있어야겠죠. 『자본』 제1장에서 마르크스는 상품의 가치가 해당 상품을 생산하는 데 필요한 사회적 노동량이라고 했습니다. 만약 우리가 노동량을 노동시간으로 측정한다면 상품가치는 그것을 생산하는 데 '사회적으로 필요한 노동시간'이라고 말할 수도 있겠습니다.

앞서 노동과정을 분석할 때 면화를 면사로 바꾸는 방적공의 노동을 예로 들었는데요. 동일한 예를 가지고 가치증식과정을 분석해보겠습니다. 면화를 면사로 바꿀 때 사용가치의 변동이 아니라 가치의 변동에 주목해보자는 겁니다(참고로 『자본』 제5장 제1절과 제2절의 제목을 따라 생산과정을 '노동과정'과 '가치증식과정'으로 나누어 살피고 있는데요. 노동과정을 생산과정과 같은 의미로 넓게 쓰는 경우도 있습니다. 하지만 제5장에서는 대체로 노동과정은 '사용가치의 생산과정', 가치증식과정은 '가치의 생산과정'을 지칭합니다).

면화(원료)를 방적공이 방추(노동수단)를 이용해 면사(생산물)로 변화시키는 과정을 따라 가치량 변동을 분석해봅시다. 면화와 방추가 면사로 변하는 과정을 면화와 방추의 가치가 더해져 면사의 가치를 이루는 과정으로 분석하는 겁니다.

일단 원료인 면화의 가치는 따로 분석할 필요가 없습니다. 자본가가 구매하면서 치른 값이 그 가치일 테니까요(이때 가격이 가치를 그대로 반영한다는 전제에서요). 그가 면화 10킬로그램을 구매하는 데 10만 원을 썼다고 합시다(요즘 가격으로 따지면 대여섯 배는 비싸게 산 것 같은데요. 계산의 편의상 이렇게 하겠습니다). 이 면화를 면사로 바꾸는 데 소모된 방추의 가치가 2만 원이라고 하고요(방추 한 개 값이 그렇다는 게 아니라 40킬로그램의 면화를 처리하는 데 방추 한 개가 소모된다면 10킬로그램 처리에는 ¼개를 썼다는 식으로 가정하는 거죠). 이렇게 해서 원료와 노동수단의 가치를 합하면 12만 원입니다.

가격 대신 노동시간으로 표시해도 좋습니다. 12만 원의 화폐에 대상화된 사회적 필요노동시간이 24시간(2노동일)이라고 하면, 10킬로그램의 면화에는 20시간이, 소모된 방추(¼개)에는 4시간이 들어 있는 셈입니다. 참고로 마르크스는 24시간을 '2노동일'로 가정했는데요. 하루 12시간 노동을 상정한 겁니다. 하루 8시간을 표준노동일로 간주하는 오늘날 기준으로는 너무 길어 보입니다. 하지만 이것은 1840년대 공장법에 입각한 가정입니다.

이로써 원료와 노동수단의 가치는 모두 계산했습니다. 하지만 면화와 방추를 나란히 놓아둔다고 갑자기 면사가 생겨나지는 않지요. 우리의 자본가도 이 점을 잘 알기에 특별한 상품 하나를 더 구입했죠. 바로 노동력입니다. 이제 노동력의 하루 사용권 가치를 가정할 차례입니다. 노동자가 하루 사용한 노동력을 재생산하는 데 필요한 비용, 그러니까 하루 동안 평균적인 생활수단을 갖추는 데 필요한 비용을 3만 원(6시간)이라고 해두겠습니다(역시 일당이 3만 원이면 요즘 기준으로 너무 적은 액수이지만 가급적 마르크스가 본문에 제시한 숫자를 따라가보려 합니다).

그럼 생산물인 면사의 가치는 어떻게 될까요. 만약 노동자가 10킬로그램의 면화를 10킬로그램의 면사로 바꾸는 데 6시간이 걸린다면 면사의 가치는 쉽게 계산할 수 있습니다. 10킬로그램 면화의 가격 10만 원(20시간) + 방추의 가격 2만 원(4시간) + 노동력의 가격 3만 원(6시간) = 10킬로그램 면사의 가격 15만 원(30시간). 생산과정을 모두 마치고 나니 15만 원(30시간)어치 면사 10킬로그램이 산출되었습니다.

생산에 투입된 세 가지 요소(노동의 세 가지 요소)를 모두 계산했습니다. 노동시간 기준으로 말하면, 면사에 포함된 총 30시간의 노동 중 20시간은 10킬로그램의 면화에 담겨 있던 것이고요, 4시간은 ¼개의 방추에 담겨 있던 것입니다. 여기에 새롭게 방적공의 노동 6시간이 더해진 것이죠. 이를 화폐 기준으로 바꾸면, 24노동시간이 12만 원에 해당한다고 전제했으니까 30시간은 15만 원이 맞습니다. 더할 것도 없고 뺄 것도 없습니다. 가격으로도 계산해보고 노동시간으로도 계산해봤습니다만 너무 간단한 셈이어서 착각을 일으킬 여지가 없습니다.

계산의 앞뒤를 보니, 구매한 상품의 가격 총액과 판매할 상품의 가격 총액, 달리 말하면 '투하된 자본의 가치'와 '생산물의 가치'가 똑같습니다. 면사의 가치가 면화의 가치보다 크긴 하지만 그 차이는 소모된 방추와 노동력의 가치만큼이죠. 면화와 방추와 노동력이 더해져 면사가 되듯 면화의 가치와 방추의 가치 그리고 노동력의 가치가 더해져 면사의 가치가 되었습니다. 총액으로 보면 가치증식이 없습니다. 당연합니다. 마르크스의 비유처럼 어떤 사람이 건축자재를 사고 인부를 고용해서 집을 짓든 이미 완성된 집을 사든 지출해야 하는 화폐량에는 변화가 없을 테니까요.[김, 255; 강, 282] 10＋2＋3＝15입니다. 10을 낸 다음 2를 내고 다시 3을 낸 것과 15를 한꺼번에 낸 것은 똑같습니다.

상품 교환의 기본법칙인 '등가교환'에 입각해서 자본가는 면사를 15만 원에 팔면 되겠습니다. 이때 마르크스는 장난기가 발동했는지 이렇게 말합니다. "우리의 자본가는 깜짝 놀란다."[김, 254; 강, 281] 노동력을 사용하면 가치가 늘어난다고 했는데 전혀 늘지 않았으니까요. 이럴 거면 애초 자본가가 상품생산에 나서지도 않았겠지요. 사실 자본가는 알고 있습니다. 이론적으로는 몰라도 실천적으로는 확실히 압니다. 잉여가치가 생긴다는 것을요. 방금 가정한 수치들로 계산하면 그는 하루 3만 원(6시간) 정도의 잉여가치를 얻을 수 있습니다. 그 비밀은 뒤에 보기로 하고요. 면사 계산에 치중하느라 방적 노동자가 가치의 형성 및 증식 과정에서 보여준 놀라운 마법을 언급하지 않고 넘어갔습니다. 그것을 먼저 보죠.

◦ 살아 있는 노동의 또 다른 마법

앞서 살펴본 사용가치의 생산과정에서도 놀라운 마법이 있었죠. '살아 있는 노동'은 죽은 대상을 살려내고 가능성에 머물러 있던 사용가치를 현실화했습니다. 말하자면 과거(죽은 것)

가 현재에 살아나고, 미래(가능성)가 현재로 도래한 겁니다. 덕분에 면화는 썩지 않았고 면사라는 새로운 사용가치를 갖게 되었습니다. 마르크스는 이 과정을 마치 마법의 불 속에서 사물에 영혼을 집어넣는 일처럼 묘사했습니다.

생산과정을 가치증식과정으로 바라볼 때도 사용가치의 생산과정으로 볼 때와 같은 마법이 일어납니다. 우리는 방적노동자가 15만 원(30시간)어치 면사를 생산했다고 했는데요. 이 방적 공장에서 15만 원어치를 다 생산한 건 아닙니다. 10만 원(20시간)은 면화에 들어 있던 가치고요, 2만 원(4시간)은 방추에 들어 있던 겁니다. 농부의 노동과 방추 제조공의 과거 노동이 그만큼 대상화되어 있었던 거죠. 여기에 방적공이 3만 원(6시간)을 더한 것이고요.

그런데 '살아 있는 노동'은 단지 일정량의 노동을 더하기만 한 것이 아닙니다. 10킬로그램의 면사는 방적공의 6시간 노동을 흡수해 10킬로그램의 면사가 되었는데요. 이 6시간 동안 노동자는 면화와 방추에 들어 있는 노동시간을 면사로 옮겼습니다. 자신의 6시간 노동을 더했을 뿐 아니라 면화 속에 들어 있던 20시간의 노동과 방추에 들어 있던 4시간의 노동을 손실 없이 면사로 옮긴 것입니다. 오해를 무릅쓰고 '마법의 불'이라는 비유를 다시 쓴다면, 그는 생산수단 속에 굳어 있는 노동을 녹여 유동상태로 만든 뒤 자신의 살아 있는 노동과 합쳐 면사 속에 집어넣은 것과 같습니다. 그리고 아직 그 비밀을 말하지는 않았지만, 여기에 새로운 가치를 더합니다.

물론 노동력의 가치에 해당하는 6시간도 과거에는 없던 새로운 가치입니다. 그런데 이것 말고도 노동자는 가치를 더 늘립니다.

'살아 있는 노동'이 가치를 생산하는 과정에서 보인 마법은 사용가치를 생산하는 과정에서 보인 마법과 상응합니다. 과거의 노동을 녹여 현재의 노동에 합친다고 한 것은 죽은 사물을 소생시키는 것에 상응하고, 새로운 가치를 생산한다고 한 것은 새로운 사용가치를 생산하는 것에 상응합니다. 다만 유의할 것이 있는데요. 지금 별개의 과정인 것처럼 말한 '사용가치의 생산과정'(노동과정)과 '가치의 생산과정'(가치증식과정)은 하나의 동일한 과정입니다. 노동자는 두 번 일하는 게 아니에요. 한 번 일하는데 이 모든 기적들이 일어나는 겁니다. 사용가치로 봐도 놀랍고 가치로 봐도 놀랍죠. 다시 말하지만 노동자가 자본가에게 팔아넘긴 것, 다시 말해 자본가가 노동자에게 사들인 것은 바로 이 놀라운 능력입니다.

○ 시제를 통합하면

'마법의 불' 이야기까지 나오니까 무슨 공상 만화처럼 들릴지도 모르겠습니다. 마법의 불로 과거 노동을 녹여 현재 노동과 합쳤다는 식으로 이야기하니까요. 그런데 이것은 가치증식과정에서 일어나는 일에 대한 꽤나 그럴듯한 비유입니다. 마르크스는 이를 문장의 시제(時制) 문제처럼 설명했습니다. 면사를 산출한 노동이 방금 완료된 노동이라면 면화와 방추에 대상화된 노동은 그 이전의 노동입니다. 면사 생산이 '현재완료'라면 면화 재배와 방추 제작은 '과거완료'라고 할 수 있죠.[김, 251; 강, 278] 그런데 과거완료에 현재완료를 이어붙이는 건 시제상 문제가 없습니다.

마르크스가 시제 이야기를 끌어들인 것은 아주 흥미롭습니다. 왜냐하면 우리는 과거완료 문장과 현재완료 문장을 하나의 현재완료 문장으로 만들 수도 있기 때문입니다. 면화를 수확했다. 방추를 제작했다. 면사를 생산했다. 이것들은 모두 별개로 이루어진 행위입니다. 면화 수확과 면사 생산은 서로 다른 사람이 서로 다른 시간에 서로 다른 장소에서 행한 일입니다. 시제가 다릅니다. 자본가는 이렇게 말할 겁니다. 나는 방금 면사를 생산했다. 하지만 면화는 그 이전에 생산되어 있었다. 그런데 마르크스는 이 문장을 하나의 시제로 통합할 수 있다고 봅니다. '나는 방금 면사를 생산했다' 속에 '면화는 그 이전에 생산되어 있었다'를 집어넣을 수 있다는 거죠.

어떻게 가능할까요. 면화 생산을 면사 생산과정에 통합하면 됩니다. 면화 재배와 방추 제작을 면사 생산공정의 한 단계로 만드는 거죠. 면사를 만들기 위해 면화 재배부터 시작했다고 생각하면 됩니다. 한 사람이 면화 재배, 방추 제작, 면사 생산을 다 한다고 생각해보죠(우리 조상들은 그렇게 했습니다). 그는 면화를 재배하는 데 20일을 쓴 뒤 방추 제작에 들어가 4일을 씁니다. 다시 면화와 방추를 가지고 면사를 만드는 데 6일을 쓰고요. 그럼 이 사람은 이렇게 말할 수도 있을 겁니다.

30일 걸려 드디어 면사를 생산했다고. 그럼 하나의 현재완료 문장이 됩니다.

내가 과거 노동을 녹여 현재 노동과 합친 뒤 그 노동을 생산물 속에 넣었다고 말한 건 이런 뜻입니다. 과거완료와 현재완료를 합쳐 하나의 시제로 만든 것과 같지요. 사용가치라는 점에서 보면 면화와 면사는 전혀 다른 물건입니다. 하지만 가치라는 점에서 보면 서로 더하고 빼고 교환하는 게 가능합니다. 노동의 이중성이라는 점에서도 그렇습니다. 사용가치를 생산하는 노동(구체적 유용노동)으로 보면 면화를 재배하는 노동과 면사를 뽑아내는 노동은 비교할 수 없습니다. 하지만 가치를 생산하는 노동(추상노동)으로 보면, 앞서 면사에 들어 있는 노동시간을 계산할 때처럼, 서로 다른 물건 속에 들어 있는 노동들을 더할 수가 있습니다. 10만 원에 2만 원을 더해 12만 원이 된 것처럼, 20시간에 4시간을 더해 24시간이 될 수 있습니다. 20시간이 면화 재배 시간이고 4시간이 방추 제작 시간이라는 점은 둘을 더하는 데 전혀 문제가 되지 않습니다.

가치증식과정으로 보면 "시간적으로 공간적으로 분리된 모든 특수한 노동과정은 하나의 동일한 노동과정의 연속된 각각의 단계로 간주될 수 있"습니다.[김, 250~251; 강, 278] 면화 재배, 방추 제작, 면사 생산이라는, 시간도 공간도 작업방식도 다른 노동들의 양을 더할 수 있는 것은 사고실험 덕분입니다. 이들 작업 모두를 하나의 연속된 공정으로 보는 것 말입니다.

사실 우리는 이런 사고실험을 『자본』 제1장에서 '추상노동'을 이야기할 때 이미 접한 바 있습니다(『마르크스의 특별한 눈』, 71~73쪽). 마르크스는 구체적 노동의 관점에서 '재봉'(옷을 만드는 일)과 '직조'(천을 짜는 일)는 완전히 상이한 노동이지만, '가치'의 실체로서는 동등한 노동으로 간주할 수 있다고 했습니다. 그러면서 사고실험을 제안했죠. 동일한 사람이 번갈아가면서 재봉도 하고 직조도 하는 상황을 떠올려보자고 했습니다. 동일한 사람이 아침에 천을 짜고 저녁에 그 천으로 옷을 지어 입는 상황을 생각하는 거죠. 직조와 재봉을 의복 생산의 순차적 공정으로 간주하는 겁니다.

나는 이 부분을 설명하면서, 마르크스가 직조와 재봉을 동등한 노동으로 간주할 수 있었던 것은 '동일한 인간'을 상정했기 때문이라고 했습니다(『마르크스의 특별한 눈』, 74~79쪽). 직조와 재봉은 상이한 노동이지만 동일한 생산자를 전제한다면 각 노동에 발휘된 역량을 동질적인 것으로 간주할 수 있다고요. 그러면서 동일한 인간의 활동을 '아침'과 '저녁'으로, 즉 시간적으로 분할한 것을 공간적으로 분할해도 된다고 했습니다. 동일한 인간이 '여기서' 재봉을 하고 '저기서' 직조를 하는 것으로요. 손오공의 분신술처럼 동일한 인간이 여러 곳에서 동시에 일하는 걸 생각해보자고 했습니다. 이런 생각이 의미를 가지려면 실제로 상이한 노동을 수행하는 인간들이 동등한 존재로 간주될 수 있어야 합니다. 이것이 전제될 수 있는가. 마르크스는 아리스토텔레스 시대에는 상상도 할 수 없었던 이런 전제가 역사적으로 창출되었다고 보았습니다. 근대사회에서는 '평범한 인간', '평균적 인간'이라는 말이 의미를 갖게 되었다는 거죠.

가치증식과정을 다룬 제5장에서 제1장의 사고실험이 다시 나오고 평균 개념이 부각되는 것은 우연이 아닙니다. 마르크스는 가치의 이전과 증식이 일어나기 위해 충족되어야 할 조건 두 가지를 제시하는데요.[김, 251; 강, 279] 하나는 가치를 이전하고 증식하려면 사용가치가 생산되어야 한다는 것이고요(가치는 사용가치와 별개지만, 면사를 만들어내지 못하면 면화와 방추의 가치를 면사에 옮겨 담을 수 없고 거기에 새로운 가치를 더할 수도 없습니다). 다른 하나는 생산과정에서 사용한 것들의 가치가 '사회적 필요노동시간'에 맞아야 한다는 겁니다. 여기서 '사회적'이라는 말에는 '평균'의 의미가 담겨 있습니다.

만약 1킬로그램의 면사를 생산하는 데 다른 사람들은 평균적으로 1킬로그램의 면화를 사용하는데 한 방적공이 2킬로그램의 면화를 사용했다고 해봅시다. 아마도 일에 서툴러 낙면이 많이 생겼나 봅니다. 그렇다면 2킬로그램의 면화 속에 든 노동시간을 면사 속으로 모두 옮겨 담지 못한 것입니다. 1킬로그램의 가치만 인정되죠. 그가 평균 노동자에서 이탈한 부분은 인정받지 못하는 겁니다. 방추도 그렇습니다. 한 자본가가 일시적으로 호기를 부려 철로 만든 방추 대신 황금으로 된 방추를 썼다고 해봅시다. 그러나 면사에 이전된 방추의 가치는 철 방추를 기준으로 계산된 노동시간 그것이 다입니다.

평균적 방추의 가치까지만 인정받는 것이죠.[김, 251; 강, 279]

○ 생명을 짜서 가치를 더한다

노동과정과 가치증식과정의 구분은 『자본』 제1장에서 본 노동의 이중성, 즉 구체적 유용노동과 추상노동의 구분에 그대로 상응합니다. 우리의 방적공은 면화를 면사로 바꾸는 합목적적 활동을 수행했습니다. 매우 특수한 노동이죠. 면화 재배 농민이나 방추 제조공이 쉽게 할 수 있는 일이 아닙니다. 그의 노동은 면사라는 목적에 최적화된 것입니다. 목적합리적이죠. 그런데 '목적합리적'이라는 것은 다른 목적에는 사용하기 힘들다는 뜻이기도 합니다. 마르크스의 말처럼 방적공의 노동으로 대포를 만들 수는 없습니다. 방적공의 노동만이 아니라 생산수단도 그렇습니다. 방추는 대포를 만들 때는 쓸모가 없습니다.[김, 252; 강, 279]

방적공의 노동은, 대포 제조공의 노동은 말할 것도 없고 면화 재배 농민의 노동과도 교환하거나 합칠 수 없습니다. 사용가치 생산이라는 점에서는 생산공정을 합친다는 게 큰 의미가 없습니다. 면화 밭 부근에 면사 공장을 세우는 정도겠죠. 그러면 운송도 편하고 효율도 높아질 거예요. 생산량이 늘 겁니다. 하지만 농민을 방적공으로 대체하거나 면화 밭을 면사 공장으로 바꿀 수는 없습니다.

그렇다면 면사(사용가치)를 생산하는 노동이 아니라 가치를 생산하는 노동으로서 방적공의 노동은 어떨까요. 면사가 아니라 가치를 생산하는 한에서, 그러니까 가치의 원천 (Wertquelle)인 한에서 방적공의 노동은 대포 제조공의 노동과 다를 바 없습니다. 면사의 가치를 계산할 때 면화 재배 노동과 방추 제조 노동을 구별 없이 합칠 수 있었던 것처럼, 우리는 방적공의 노동과 대포 제조공의 노동도 하나로 합칠 수 있습니다. 여기서는 "노동의 질이나 성격, 내용은 문제가 안 되고 그 양만 문제"가 됩니다.[김, 252; 강, 280]

　　방적공이 일정 시간 노동을 했다면 면화의 가치에 일정량의 가치가 더해질 겁니다. 1시간을 일했다면 1노동시간의 가치가 더해지겠죠. 이는 그가 "방적이라는 특수한 노동"을 해서가 아니라 "[인간] 노동력을 지출"했기 때문입니다. 다시 말해 모든 상품가치의 공통 원인으로서 인간능력(노동력)을 사용했기 때문입니다(『마르크스의 특별한 눈』, 69쪽). 그런데 마르크스는 여기에 아주 의미심장한 문구 하나를 삽입합니다. "1노동시간 즉 1시간 동안"의 "방적공의 생명력의 지출(Verausgabung der Lebenskraft)"이라고요.[김, 252; 강, 280]

　　노동력을 사용한다는 건 '생명력'을 사용하는 것과 같다는 말입니다. 노동자가 노동을 하는 것은 그 자신의 생명을 쓰는 겁니다. 이 점에 대해서는 뒤에서 더 이야기하겠습니다. 다만 우리는 여기서 '살아 있는 노동'이라는 말의 또 다른 의미를 깨닫게 됩니다. '살아 있는 노동'은 사실 '노동자의 생명' 이었던 겁니다. 죽은 것을 살려내고 사물을 황금으로 만드는 마법의 비밀이 인간생명의 지출에 있었다고 하니 신비한 동화가 끔찍한 잔혹극으로 바뀌는 것 같습니다.

　　우리는 앞서 노동과정에서 '살아 있는 노동'이 대상 속으로 흘러들어가 결정화되는 것, 다시 말해 죽은 노동이 되는 것을 보았습니다. 가치증식과정에서도 마찬가지입니다. '살아 있는 노동'은 "불안정 형태(유동적 형태, Form der Unruhe)에서 존재 형태(Form des Seins)로, 운동 형태에서 대상성 형태로 전환"됩니다.[김, 252; 강, 280] 흘러들어서 굳어가는 것. 살아 있는 것이 죽어가는 겁니다. 상품의 가치는 노동자의 생명을 얼마나 빨아들였는지에 달렸습니다. 가치증식과정이란 노동자가 자신의 생명을 상품에 한 방울씩 한 방울씩 떨어뜨리며 죽어가는 과정입니다.

◦ 막간극―노동의 선물

이제는 정말로 우리의 자본가가 펄쩍 뛸지 모르겠습니다. 자신을 무슨 살인자처럼 만들어놓았으니까요. 자신의 부가 노동자의 생명을 쥐어짠 결과라는 사실을 도저히 받아들일 수 없을 겁니다. 아니, 그보다 먼저 새벽부터 밤늦게까지 일한 자신의 노고가 무시된 것에 분노할지도 모르겠습니다. 언젠가 말한 것처럼 그는 꽤 정직한 사람입니다. 면화도 방추도 노동력도 모두 제값을 치르고 구매했습니다. 자신에게 상품을 판 사람들 모두가 정당한 대가를 지불받았습니다. 딱 한 사람, 자기 자신만 대가를 지불받지 않았다고, 자본가는 생각할 것 같습니다.

이제 우리의 이야기는 다시 앞으로 거슬러 올라갑니다. 면사를 생산했는데 아무런 가치증식도 없었던 순간으로 말이지요. 생산물에는 생산과정에 참여한 요소들의 가치가 모두 담겼습니다. 면화, 방추, 노동력의 가치가 빠짐없이 들어갔죠. 면화 10만 원(20시간), 방추 2만 원(4시간), 노동력 3만 원(6시간). 그래서 면사 15만 원(30시간)어치가 생산되었습니다. 자본가는 자신에게 남는 게 전혀 없어 황당해했습니다. 여기서 이야기를 다시 시작해보죠.

흥미롭게도 마르크스는 이 부분을 연극적으로 구성했습니다.[김, 255~257; 강, 282~284] 따옴표로 자본가의 대사를 적고는 그 앞에 '완강하게', '쾌활하게 웃으며' 등 표정과 행동을 지시하는 말을 붙였습니다. 무대 위에서 어떤 식의 논전이 벌어질지 눈에 선합니다. 그래서 나는 이 대목을 마르크스의 취지를 살려 좀 더 극적으로 구성해봤습니다.

〈노동의 선물〉

시간 작업이 끝나고 노동자들이 모두 퇴근한 밤

장소 출시를 앞둔 면사 창고 앞

등장인물

[라티파크] 자수성가한 자본가. 오십 대 초반의 남자. 젊은 시절 고

생을 많이 해서 나이가 좀 더 들어 보인다. 정직과 근면을 중시해 '땀 흘린 만큼 성공한다'를 사훈으로 정했다. 기본적으로는 다혈질이지만 사업을 해나가면서 아양 떠는 것의 중요성도 알게 됐다.

[유령] 면사에 깃든 노동의 정령. 면화부터, 아니 그 씨앗부터, 어쩌면 그 이전부터 지금까지 살아온 존재. 환생할 때마다 다른 물건 속에 깃드는데 그가 몇 세대에 걸쳐 윤회해왔는지는 아무도 모른다. 라티파크가 고래고래 질러대는 소리에 깨어나 그와 논전을 벌인다.

[관리자] 노동자들은 퇴근했지만 자본가가 온다는 소식을 듣고 퇴근하지 못한 채 기다리고 있는 공장감독 및 중간관리자들. 현장 노동자들 앞에서는 거침없이 소리를 지르지만 자본가 앞에서는 아무 말 하지 않는 순응적 인간들이다.

————1막————

무대 조명이 켜지자 라티파크가 면사 창고 앞에서 분을 삭이지 못한 듯 이리저리 서성이고 있다. 관리자들 중 한 사람이 이번 분기에는 전혀 수익을 내지 못했다고 보고한다.

　　관리자　전화로 말씀드렸듯 물품 대금도 지급하고 근로자들 월급도 일한 만큼 정확히 계산해서 줬더니 남는 게 없습니다. 이럴 줄 알았으면 사전 조치를 해둘 걸 그랬습니다. 사실 납품업체들은요, 우리가 큰손이니까 면화나 방추 단가를 좀 후려쳐도 괜찮았어요. 또 월급도 그렇습니다. 회사 사정 어렵다며 구조조정 이야기만 슬쩍 흘렸어도 충분히 조정의 여지가 있었는데 말이죠. 사장님이 줄 건 다 주라고 하셔서…….

라티파크　내가 날강도야? 그런 걸 빼앗자고 사업하는 게 아니잖아. 근로자들 월급 제대로 주고도 이윤을 남겨야 제대로 된 사업가지. 나를 그런 천박한 사기꾼이나 날강도로 만들지 말라고! 사기꾼이나 날강도가 되어야 돈을 번다면 그게 제대로 된 세상이야? 그렇지 않으니까 자본주의가 이렇게 살아남고 발전하는 거 아니겠어? 분명 줄 것 주고도 남길 수 있을 거야. 당연히 남는 게 있어야지. 투자와 매출이 같다는 게 말이 되냐고! 세상은 거짓말하지 않아. 돈을 투자한 내 성의도 있고 나 또한 고생했으니 그 몫이 어딘가에 있을 거야.

관리자　회계장부를 아무리 들여다봐도 줄 것 주면서 챙길 수 있는 돈은 없습니다.

라티파크　무슨 소리야! 내가 먹을 거 안 먹고 놀러 갈 거 안 가고 여기다 돈을 썼는데! 내가 절제한 거잖아! 딴 데 탕진하지 않고 사람들 옷 지어 입으라고 면사도 만들고 당신들 월급도 줬잖아. 좋은 일에는 보상이 따르는 게 공정한 거 아냐? 나한테도 무슨 보람이 있어야 할 거 아냐! (위협적 말투로) 그런 게 없다면 내가 미쳤다고 내 귀한 돈을 투자하냐고! 그렇다면 나도 이제부터 당신들 고용 안 하고 있는 돈으로 편하게 여생을 즐기겠네. 그냥 내 돈 주고 남이 만든 물건 살 거야. 이런 식이면 뭐 하러 힘들여 물건을 만들어! 이놈 저놈한테 월급이나 뜯기는데! 당신들도 꼴 보기 싫으니 저리 가!

(겁먹은 관리자들이 구석으로 물러난다. 라티파크의 고함 소리에 면사 더미에서 누군가 일어난다. 연기처럼 피어오르는 그 모습을

보노라니 사람 형체인가 싶었으나 유령이다. 시끄러워 잠에서 깨어난
듯 잔뜩 신경질이 난 표정이다.)

유령　이런이런! 기계도 멈춘 이 밤에 대체 누가 떠들어
대는 거야. 말이 안 되는 말을 늘어놓으니까 깨어 있는 사람한
테는 말이 안 통하고, 자고 있던 유령만 깨우는 꼴이지!

라티파크　(흠칫 놀라며) 너…… 넌 누구지? 내 물건 뒤에
숨어 있다니 도둑놈…… 아니, 도둑귀신?

유령　물건 뒤에 숨어 있던 게 아니라 물건 안에 잠들어
있었지. 난 자네가 그토록 만지고 싶어하던 그것, '가치'라는
유령이야. 물론 만진다고 만져지지도 않겠지만. 지난번에는
면화 속에 있었는데 여기 노동자들이 나를 면사로 옮겨놨구
먼. 원래는 작았는데 지금은 이렇게 커졌지. 그래서 기분 좋게
새 잠자리에서 죽은 듯 자고 있었는데 말이야. 나중에 광목을
짤 때나 깨어날 생각이었는데, 자네가 하도 어이없는 말을 늘
어놓아 잠이 확 달아나버렸지 뭐야.

라티파크　(억울하다는 듯) 내 말이 어디가 어떻다는 거야.
말이야 바른 말이지 내가 돈을 딴 데 안 썼으니까 네놈도 거
기서 신세 편하게 잘 수 있었던 거 아니야? 이게 도대체 뭔 짓
인지 모르겠어. 어쩌다 너 따위 귀신이랑 말싸움을 하고 있는
지! 역시 물건을 만드는 게 아니었어. 그냥 내 돈으로 사서 쓰
면 되는데.

유령　가치는 하나도 안 보탰으면서 잉여가치는 챙기고
싶다? (조롱하는 말투로) 자네 평소 뻐기던 거하고 다른데? 돈

대신 정직을 탕진했나 보군 그래. 이 회사 사훈, 자네가 적었지? 땀 흘린 만큼 번다? 근데 면화에서 면사로 옮겨 오는 동안 난 자네 땀 냄새라곤 맡아본 적이 없네. 맘대로 해보라고! 자네가 건축자재와 인부를 사서 집을 짓든 건축업자한테서 완성된 집을 사든 변한 것은 없으니까 말이지. 10＋2＋3＝15. 변한 건 없어. 세 개로 나눠 내든 한꺼번에 내든 합계는 똑같으니까. 이참에 자본가들이 모두 단결해서 그 어떤 물건도 만들지 말자고 선동이라도 해보지 그러나. 아무것도 만들지 말고 그냥 모두 사서 쓰자고 말이야. 자네는 지금 자네가 무슨 말을 하고 있는지도 모르는 사람이야.

　　　라티파크　(목소리를 낮추며 다시 억울하다는 표정으로) 그러지 말고, 내가 얼마나 절약하고 사는지 좀 보란 말이야. 나는 내 돈을 퍼 마시고 노는 데 써버릴 수도 있었잖아. 그런데도 면화를 사서 면사를 만들었단 말이지. 가치 있는 일을 한 거잖아. 그러니까 내게도 가치를 달라고.

　　　유령　자네, 정말 디킨스의 스크루지 같은 말만 하는군. 그 노인네처럼 수전노가 되고 싶은가 보군? 단지에 꿀 모으듯 돈 모아놓고 즐거워하던 영감탱이 말이야. 자네의 근검절약이야 나도 잘 알지. 자네 부인이 입에 달고 사는 말이 '저 짠돌이, 저 짠돌이' 아닌가. 그런데 말이야, 자네는 사실 걱정할 게 없어. 자네가 면사를 만들었다고 해서 자네가 모았던 것 중 사라지는 건 하나도 없거든. 자네가 모은 그대로 여기 다 들어 있어. 들어간 것과 나온 것이 똑같지. 아무리 황제라고 해도 없는 것을 있게 만들 순 없다고! '무'(無)에서는 아무것도 생겨나지 않는다네. 단지 속에 15만 원을 넣었으면 거기 15만 원이 있는 게 맞지. 수전노 스크루지 영감은 매일 정신 차리고 돈을 셌지만 한 푼도 늘어나지는 않았어. 물론 잃어버리지도 않았지. 그렇게 정성 들여 관리를 했으니까. 그러고 보면 그 영감이 자네보다 낫네. 그 영감은 매일 단지 속을 살피는 자신의 정성에 대해 그 어떤 대가도 원하지 않았으니까 말이야. 그저 한 푼도 사라지지 않은 것에 감사하고 기뻐했지. 그런데 자네는 한 푼도 늘지 않았다며 성을 내고 있지 않은가. 자네 말이야, 매주 교회에 가던데 도대체 뭘 배운 건가. 범사에 감사할 줄 알아야 해!

　　라티파크　(씩씩거리며) 도대체 뭘 감사하라는 거지? 가뜩이나 화나 죽겠구먼.

　　유령　(약 올리듯) 생각을 좀 바꿔봐. 자네 흥청망청 술 퍼마시는 데 돈 썼으면 지금쯤 엄청 속 쓰렸을 거야. 그런데 지금은 후회 대신 좋은 면사를 노동자들한테 선물받지 않나. 스크루지 영감도 손실 없는 총액으로 절욕과 근면을 보상받았듯 자네의 절욕과 근면도 그 정도면 보상을 받은 셈이네.

　　라티파크　(화를 버럭 내며) 좋은 면사라고? 면사가 내게 다 무슨 소용이람. 내가 뭐 면사가 필요해서 만든 줄 알아? 다 팔려고 만든 건데, 구매할 때 처박은 돈이랑 팔아서 번 돈이 똑같으면 내가 뭐 하러 이 짓을 하냐고! 다시 한 번 분명히 말하지만, 나는 반드시 돈으로 보상을 받아야 해. (잠시 정적이 흐른다. 그러더니 뭔가 생각난 듯 라티파크의 얼굴이 환해진다). 가만 가만, 근로자들이 일했잖아. 근데 근로자들이 거저 면사를 만들어낸 건 아니지. 내가 다 거래처에서 원료 조달하고 기계 갖다놔서 면사를 만들 수 있었지. 그놈들 먹고살 월급도 다 내 돈에서 나왔고 말이지. 내 덕에 먹고사는 거라고. 원료랑 기계 대주고 월급 줘서 가족들 건사하게 하고. 이런 내 행동에 대한 사례가 있어야 할 거 아냐! 그놈들은 내게 면사를 선사했다고 돈을 받았는데 내 봉사에 대한 사례는 대체 어디 있나?

유령　（어이없다는 듯）아직도 모르겠는가? 자네는 월급을 줬고 그들은 고맙다며 면화를 면사로 바꾸어줬지. 이해가 안 돼? 그건 그렇고, 자네 지금 '내 덕'이라고 말했나? 여기가 무슨 박애 단체도 아니고 봉사했다는 말은 또 뭔가? 우리 좀 냉정해지자고. 왜 그래? 지난번 자네에게 돈 꿔 간 귀족 집안 사람들 만났을 때는 전통이니 위신이니 정이니 하는 말에 그렇게 성을 내던 사람이! 그때 자네가 내민 계산기는 어디다 두고 이런 말을 하는가. 봉사라고? 자네한테 자네 용어로 말해주지. 자네가 알듯 우리는 지금 냉정한 교환가치의 세계에 대해 말하고 있다네. '도덕'이니 '사랑'이니 '봉사' 같은 말은 저만치 치워놓자고. 왜 이래, 알 만한 사람이!

라티파크　좋아. 그럼, 근로자들만이 아니라 나도 노동을 했다고! 대체 그 대가는 어디 있나? 내 노동력의 교환가치 말이야.

유령　（어리둥절하며）응??

097

라티파크　나도 우리 공장 근로자들 일 잘하는지 수시로 살폈단 말일세. 내 아내랑 자식들이 확실히 증언해줄 걸세. 가정에 대한 내 불성실은 공장에 대한 성실의 증언자일세.

유령　저기 좀 보게. 그럼 저 사람들은 누군가?

(순간, 무대 구석의 조명이 켜지고 거기 있던 공장감독과 관리자들이 어깨를 으쓱한다.)

라티파크　(그러자 이제 논쟁에는 관심이 없다는 듯 쾌활하게 웃으며 본래의 표정으로 돌아간다.) 내 이럴 줄 알았어. 자본주의 싫어하는 놈들, 빨갱이놈들, '붉은 유령' 어쩌고 하는 놈들, 언제나 말만 번지르르하지. 일할 시간에 말만 배운 놈들 말일세. 이런 놈들 까부수는 건 경제학 교수들한테 맡겨도 되는데 내가 괜히 힘을 낭비했군. 나 자신은 실천적 인간이지. 난 알아. 내가 열심히 일하면 거기서 돈이 나온다는 걸. 일한 만큼 성공하는 법이지. 이런 일로 너 같은 귀신이랑 말씨름하느라 시간을 쓰다니. 시간이 곧 돈인데 말이야! 벌써 10만 원은 날린 것 같군.

(라티파크 퇴장!)

막이 내린다. 음악이 흐르고 2막을 예고하듯 두 인물의 그림자가 막에 비친다. 라티파크가 뭔가 억울한 듯 누군가에게 큰 몸짓으로 이야기하고 있다. 상대방은 연신 고개를 끄덕인다. 아마도 그는 다음 막의 주인공인 시니어 교수인 듯하다. 마침내 비밀이 풀렸다.

우리의 자본가가 그토록 확신하는 잉여가치는 도대체 어

디서 온 것일까요. 이제 그 비밀을 밝힐 시간입니다. 우리는 노동력이라는 상품의 사용에서 잉여가치가 생긴다는 것을 알고 있습니다. 그런데 좀 전에 면사의 가치를 계산할 때 잉여가치가 생기지 않았던 까닭은 무엇일까요. 그것은 우리의 자본가가 노동력의 가치만큼만 노동력을 사용했기 때문입니다. 노동력의 하루 가치를 3만 원(6시간)으로 계산한 것인데요. 6시간이면 ½노동일에 해당합니다. 다시 말해 3만 원(6시간)은 노동력 하루 사용권의 가치입니다. 자본가가 노동력 하루 사용권을 사서 반일만 쓴 것이죠.

물론 자본가가 이런 이론이나 원리에 관심을 두지는 않을 겁니다. 다만 고용은 하루를 했는데 반일만 일을 시키다니 낭비다, 이런 생각을 하겠죠. 설령 노동자가 자신의 노동력에 대해 자본가가 지불한 가치를 반일에 모두 재생산했다고 해도 말입니다. 막스 베버(Max Weber)가 근대 자본주의 정신의 전형을 구현한 인물로 제시한 벤저민 프랭클린(Benjamin Franklin)의 말이 떠오릅니다. 그는 종일 일할 수 있는 사람이 반일만 일함으로써 끼친 손실을 아주 기이하게(!) 계산해냈는데요. "기억해라, 시간은 돈이다. 하루 일을 해서 10실링을 벌 수 있는 사람이 반일만 일하고 [나머지 시간을] 바깥에 나가거나 빈둥거리며 보냈다면, 설령 그가 딴짓을 하거나 빈둥거리며 6펜스를 썼다 해도 그 돈만 썼다고 계산해서는 안 된다. 그는 거기에 5실링을 더해서 쓴 것, 아니 내다버린 것이다."[20]

정말로 기이하다 못해 괴상하기 짝이 없는 계산법입니

다. 누군가 2박 3일 휴가를 가서 50만 원을 썼다면, 프랭클린은 이렇게 말할 겁니다. 너는 사실 100만 원을 썼다고. 놀러 안 가고 3일간 일했으면 벌 수 있었을 50만 원도 거기 더해야 한다고. 이것이 "시간은 돈이다"라는 금언을 남긴 사람의 정신세계입니다. 그런데 베버는 이런 사람들의 시간 계산법이 '자본주의 정신'이라고 했습니다.

우리의 자본가 역시 벌 수 있는 돈을 벌지 않는 것을 손해라고 생각하는 사람입니다. 그는 자신이 구입한 노동력을 반일만 쓰고 돌려보낼 사람이 아닙니다. 반일을 일한 노동자는 자본가에게 노동력의 가치를 다 돌려준 셈이지만, 노동자를 그냥 돌려보내는 것은 프랭클린 계산법에 따르자면, 나머지 반일의 시간을 손해 보는 것입니다.

우리의 자본가로서는 나머지 반일을 내다버릴 수 없습니다. 그는 10킬로그램의 면화와 ¼개의 방추를 더 가져옵니다. 오후에도 일을 계속하라고 말이죠. 그래서 결국 20킬로그램의 면화와 ½개의 방추를 전부 소비해 20킬로그램의 면사를 생산하게 합니다. 그럼 면사의 가치는 어떻게 될까요. 계산은 복잡하지 않습니다. 10킬로그램의 면화를 한 번 더 생산한 것이니까요. 면화 10킬로그램이 10만 원(20시간)이었으니까 면화 20킬로그램은 20만 원(40시간)이고요, 방추 ¼개가 2만 원(4시간)이었으니까 ½개는 4만 원(8시간)일 테죠. 노동력을 제외하면 24만 원(48시간)이 됩니다.

여기에 노동력의 가치만 더하면 되는데요. 여기서 약간

주의를 해야 합니다. 앞서 반일을 사용한 노동력에 3만 원(6시간)을 지불했는데요. 그럼 이제 전일 일하는 노동력의 가치를 6만 원(12시간)으로 계산해야 할까요? 그렇게 계산하면 안됩니다. 3만 원은 하루 노동력, 다시 말해 전일(全日) 노동력의 가격입니다. '하루' 고용하는 데 3만 원이라고 했으니까요. 좀 전에는 3만 원으로 구입한 노동력을 반일 곧 한나절만 사용했을 뿐입니다. 면사의 생산량을 20킬로그램으로 늘리는데 노동력의 추가 비용은 없습니다. 실제 노동시간만 6시간에서 12시간으로 두 배 늘었죠. 그러니까 면사 20킬로그램의 실제 가치는 노동시간으로 60시간입니다. 가격을 붙인다면 60시간에 해당하는 30만 원이라고 해야죠. 그런데 자본가가 들인 비용은 27만 원입니다. 노동력에 대한 추가 비용 없이 종일 일을 시킬 수 있으니까요.

이제야 비밀이 풀렸습니다! 자본가가 투여한 가치와 생산한 가치 사이에 차이가 발생했습니다. 잉여가치가 생긴 것이죠. 돈으로는 3만 원, 노동시간으로는 6시간입니다. 우리는 이 6시간이 어디서 온 것인지 알고 있습니다. 노동자의 하루 노동시간인 12시간 중 노동자가 노동력의 가치를 재생산하는 데 사용한 6시간을 제외한 부분이죠. 지난 책에서 말한 것처럼, 노동력의 가치와 노동력을 사용해서 생산한 가치의 차이입니다.

지난 책의 추론이 이제야 확증된 겁니다. "마침내 요술이 성공했다. 화폐가 자본으로 변신한 것이다."[김, 259; 강,

286] 잉여가치가 현실적으로 해명되었기 때문에 제2편의 제목인 "화폐가 자본으로 전화"가 여기서 비로소 완료되었다고 할 수 있습니다. "여기가 로도스 섬"이라며 제시한 문제의 조건들이 모두 해결되었습니다. 상품교환의 기본법칙인 등가교환도 침해되지 않았고요. 자본가는 원료, 노동수단, 노동력에 모두 제값을 지불했습니다. 그는 자신이 구매한 상품을 사용함으로써 30만 원의 가치를 갖는 20킬로그램의 면사를 생산했습니다. 그리고 그것을 시장에 가져가 그 가치 그대로 팔았습니다. 결코 가격을 부풀리지 않았습니다. 화폐가 자본으로 전화한 것 곧 이 변신은 "유통영역에서 일어나는 동시에 유통영역에서 일어나서는 안 된다"라는 말도 해명되었지요. 유통영역에서 일어났다는 것은 가치증식이 그가 상품시장에서 구매한 노동력을 통해 이루어지기 때문이고요, 유통영역에서 일어나지 않았다고 한 것은 가치증식이 노동력을 사용하는 생산영역에서 일어났기 때문입니다.[김, 259~260; 강, 286~287]

　　　◦ "그는 이미 알고 있었다"

"최선의 세계에서는 모든 것이 최선의 상태로 있다."[김, 260; 강, 287] 마르크스는 최선의 세계를 맞이한 우리의 자본가를 이런 문장으로 묘사합니다. 모든 상품들에 제값을 지불했는데도 잉여가치, 즉 황금알을 얻을 수 있다니요. 사기 칠 필요도 없고 협박할 필요도 없습니다. 그저 자유와 평등, 소유, 이익을 보장하는 법만 있으면 됩니다. 그리고 법대로 하면 됩니다. 잉여가치는 폭력이 아니라 법칙의 산물입니다.

모든 것이 더할 나위 없이 좋은 상태로 있습니다. 사실이 문장은 볼테르(Voltaire)의 소설 『캉디드 혹은 낙관주의』 *Candide ou l'optimisme*에서 따온 것입니다. 주인공 캉디드는 라이프니츠 철학을 신봉하는 스승 팡글로스의 가르침에 감화를 받아 모든 상황, 모든 사건, 심지어 사람들이 떼죽음을 당하는 지진마저 최선의 결과를 낳기 위해 준비된 것으로 해석합니다. 그러나 볼테르는 이 소설을 통해 최선에 이르는 길이 최악에 이르는 길이기도 하다는 것, 즉 낙관론자(팡글로스)의 세계는 비관론자(마르틴)의 세계이기도 하다는 것을 보여줍니다. 이 소설의 결말이 재밌습니다. 온갖 풍파를 겪은 후 캉디드와 주변 인물들은 작은 공동체를 만듭니다. 그러고는 저마다 숨은 재능을 발휘해 땅을 갈고 빵을 굽고 가구를 만들죠. 행복한 삶을 직접 만들어가는 겁니다. 마지막에 다시 한 번 팡글로스가 과거의 모든 일이 현재의 상태에 이르기 위한 것이었다는 듯 말하자 캉디드가 한마디 하면서 소설이 끝납니다. "참으로 맞는 말씀입니다. 하지만 우리의 정원은 우리가 가꾸어야 합니다."[21]

자본가가 세상이 최선의 상태에 있다고 느끼는 순간 마르크스가 이 소설을 끌어들인 이유가 있을 겁니다. 일단은 조롱일 텐데요. 최선의 상태가 최악의 상태를 위해 마련된 것일 수도 있으니까요. 어쩌면 마르크스는 이런 말을 하고 싶었는지도 모르겠습니다. 최선의 삶은 자기 정원을 직접 가꾸는 사람들의 것이며, 세상의 가장 좋은 상태는 저마다 자신의 재능을 발휘하며 함께 어울려가는 코뮌의 삶이라고 말입니다.

마르크스의 생각을 너무 멀리까지 넘겨짚었는지도 모르겠습니다. 어떻든 지금은 '최선의 상태'를 즐기는 자본가의 기분을 망칠 생각이 없습니다. 그리고 자본주의는 자본가에게 행복한 세상인 것도 사실이니까요. 방금 우리는 자본가가 상품의 가치를 제대로 치르고도 잉여가치를 획득할 수 있다는 것을 확인했습니다. 마르크스에 따르면 "우리의 자본가는 자신을 즐겁게 만드는 이런 사정을 내다보고(vorsehen) 있었"습니다.[김, 259; 강, 286] 미리 알고 있으니 쾌활하게 웃을 수 있었던 거죠. 이는 좀 전에 유령과의 논전에서 패했으면서도 웃으며 퇴장했던 자본가 라티파크를 떠올리게 합니다. 그는 말싸움의 결과와 상관없이 황금알이 나온다는 걸 실천적으로 알고 있습니다.

이 표정은 시리즈 4권의 마지막 장면을 떠올려줍니다. 그때 우리는 노동자의 그늘진 얼굴을 보며 그가 무언가를 예감한 것 같다고 했습니다. 그는 노동력을 팔고 나면 페스트처럼 피하고 싶은 일도 해내야 한다는 걸 압니다. 자신의 노동생산물이 자신의 것이 될 수 없다는 것도 알고, 그런 노동 속에서 자기 자신이 남처럼 느껴질 거라는 사실, 자기 인생이 남의 인생처럼 느껴질 것이라는 사실을 내다보았을 겁니다. 그런데 우리는 그때 자본가의 표정에 대해서는 말하지 않았습니다. 의미심장한 웃음을 띠며 성큼성큼 앞장서 걸어갔던 자본가의 표정 말입니다. 이 표정의 비밀도 이제 밝혀졌습니다. 생산에 필요한 모든 요소를 갖춘 순간 그에게는 모든 것이 최선의 상태로 있습니다. 그리고 곧 최선의 결과가 나오겠지요. 그러니 어찌 웃지 않을 수 있겠습니까.

"그는 이미 알고 있었다." 마르크스는 자본가에 대해 그렇게 말했습니다. 재밌는 표현입니다. '자본' 개념에 대해서도 비슷한 말을 했었죠. 사람들은 '자본' 개념을 감각적으로 이미 알고 있다고(『성부와 성자』, 53쪽). 자본가는 잉여가치에 대해 이론적으로는 이해할 수 없을지 몰라도 실천적으로는 혹은 감각적으로는 이해하고 있습니다. 어떻게 해야 잉여가치가 생기는지, 한발 더 나아가, 어떻게 해야 잉여가치가 더 많이 생기는지 알고 있습니다. 공부한 적은 없지만 그는 노동자들을 닦달합니다. 거기에 뭔가가 있다는 걸 알기 때문이죠.

"그는 이미 알고 있었다." 사실은 노동자도 그렇습니다. 생산현장에 들어서기 전부터 손에는 진땀이 나고 근육들은 긴장합니다. 노동력의 가치가 어떻고 잉여가치가 어떻고는 잘 모르지만, 자본가가 자신에게서 무언가를 빨아들일 것임을 알고 있습니다. 거기서 오래 일하면 몸이 망가질 걸 알지만 거기에 가지 않을 수도 없습니다. 거기 가지 않으면 지금 당장 굶어 죽게 생겼으니까요.

다시 말하지만, 마르크스는 새로운 사실을 발견한 사람이 아닙니다. 나는 그를 창조자가 아닌 전복자라고 했습니다.

그는 우리가 알고 있던 것을 새롭게 알게 해줍니다. 『자본』에는 우리가 몰랐던 사실이 없습니다. 모든 내용이 우리가 감각하고 경험한, 막연하게나마 '내다보았던' 일들이죠. 『자본』은 우리가 '본 것'을 '알아보게' 할 뿐입니다. 우리가 포착했던 것을 파악하게 합니다. 아주 전복적인 방식으로 말이죠.

그나저나 이로써 '자본'이 탄생했습니다. 마르크스는 자본의 탄생을 '괴물의 탄생'으로 묘사합니다. 이번에는 자본가가 요술을 부리는 마법사처럼 보입니다. "죽은 대상에 살아 있는 노동력을 합체함으로써 그[자본가]는 과거의 대상화된 죽은 노동을 자본으로, 즉 스스로 증식해가는 가치로, 마치 상사병에라도 걸린 듯 '일하기' 시작하는 살아 있는 괴물로 전화한다."[김, 260; 강, 287]

살아 있는 노동을 흘려 넣자마자 살아나는 괴물! 스스로 증식해가는 괴물! 우리는 지난 책에서 "가치증식을 위한 끊임없는 갱신 운동 속에서…… 일정액의 가치는 자본이 된다"라고 했는데요(『성부와 성자』, 57쪽). 이제 그 사이클이 시작된 겁니다. 마르크스는 이 괴물이 "마치 상사병에라도 걸린 듯"(als hätt' es Lieb' im Leibe) 움직인다고 말합니다. 잉여가치에 안달이 난 모습이죠. 괴물은 계속해서 '살아 있는 노동'을 갈구합니다. 서글픈 사실은 살아 있는 노동을 갈구하는 이 괴물의 정체가 과거 노동자의 노동, 다시 말해 '죽은 노동'이라는 겁니다.

자본주의는 산 것으로 죽은 것을 살찌우는 체제입니다. 이상한 말이지만 여기서 영원한 생명을 얻는 것은 '죽음'입니다. 계속 자식을 낳는 것도 죽음입니다. 산 것은 생명을 잃어가고 죽은 것이 죽음을 키워갑니다. '가치가 늘어난다'라는 말이 이렇게 비극적이고 잔인한 의미를 가진 시대가 또 있을까요. 자본의 영원한 생명은 노동의 영원한 죽음에서 나옵니다. 피를 빨아 영생을 누리는 괴물. 마르크스가 이 괴물을 우리 시리즈의 다음 권에서 뭐라고 부를지 한번 맞혀보기 바랍니다.

　여담입니다만 마르크스가 자본가와 자본을 묘사하면서 쓴 문구, 이를테면 자본가는 "자신을 즐겁게 만드는 사정"을 내다보고 있었다거나, 자본이라는 괴물은 "상사병에라도 걸린 듯" 움직인다고 한 것은 모두 괴테의 『파우스트』에서 따온 것입니다. 『파우스트』 내용과 직접 관련된 것은 아니고 그냥 문구만 가져온 듯 보여요. 사실 셰익스피어나 괴테의 작품들이 늘 마르크스의 입에 붙어 다녔습니다. 마르크스만이 아니었죠. 가족들 모두가 이 작가들의 작품에 나오는 대사들을 암송하며 놀았다고 합니다(특히 셰익스피어는 '집안의 가장 중요한 손님'처럼 가족들 대화에서 언제나 상석을 차지했습니다. 아이들까지 모든 구절을 암송할 정도였죠.[22] 『파우스트』도 그랬습니다. 런던에 정착한 지 오래되지 않았을 때 마르크스 가족이 근교에 소풍을 다녀왔는데, 마르크스와 아이들은 집으로 가는 길의 지루함을 떨쳐버리려고 『파우스트』를 연기하며 놀았다고 하니까요).[23]

◦ '노동과정'·'가치형성과정'·'가치증식과정'이라는 용어

이로써 가치증식과정에 대한 설명은 모두 끝났습니다. 제5장 끝에서 우리의 친절한 마르크스는 이제까지 다소 혼란스럽게 쓰인 용어들을 정리해줍니다.[김, 260; 강, 287] 대체로 나는 제5장의 절 제목, 그러니까 '노동과정'과 '가치증식과정'이라는 용어를 사용해 내용을 설명해왔습니다. 그런데 마르크스의 정리에 따라 조금 더 세심하게 나누면 다음과 같습니다.

생산과정은 크게 '노동과정'(Arbeitsprozeß)과 '가치형성과정'(Wertbildungsprozeß)으로 나뉩니다(생산과정은 하나인데 이중으로 파악한 것이죠). '노동과정'은 사용가치를 생산하는 과정으로 파악한 것입니다. 그리고 이때의 노동은 구체적 유용노동입니다. 여기서는 노동자가 어떤 목적에 따라 어떤 방식으로, 또 어떤 내용으로 물건을 만들어내는지를 살펴봅니다. 반면 '가치형성과정'은 가치를 생산하는 과정으로 파악한 것이죠. 여기서는 인간노동력이 지출되었다는 사실만 문제 삼지 노동의 목적과 방식, 내용에는 관심을 두지 않습니다. 오직 노동량만을 고려합니다. 이때의 노동량은 추상노동의 양입니다. 생산수단들에 대해서도 그것들이 어떤 기능을 수행하는지에는 관심이 없습니다. 오직 거기에 얼마만큼의 노동량이 대상화되어 있는지만 생각합니다.

다음으로 '가치형성과정'은 '단순한 가치형성과정'(einfacher Wertbildungsprozeß)과 '가치증식과정'(Verwertungsprozeß)으로 나뉩니다. 앞서 노동과정과 가치형성과정으로 나눈

것은 동일한 생산과정을 사용가치의 생산과 가치의 생산이라는 측면으로 나누어 본 것인데요(참고로 '가치생산과정'은 '가치형성과정'과 같은 말입니다). '단순한 가치형성과정'과 '가치증식과정'은 모두 가치를 생산하는 과정입니다. 다만 가치형성의 어떤 지점을 기준으로 둘을 나눕니다. 가치형성과정이 '일정한 지점', 그러니까 자본가가 지불한 노동력의 가치가 보전되는 지점까지 이루어지면 '단순한 가치형성과정'이고요, 거기를 넘어서면 '가치증식과정'에 들어선 것으로 봅니다. 쉽게 말해 잉여가치가 생겨나기 시작하는 지점이 기준이지요. 그러니까 "가치증식과정이란 일정한 지점을 넘어 연장된 가치형성과정"이라고 할 수 있지요.[김, 260; 강, 287]

그런데 가치량을 재는 것과 관련해 중요한 전제가 있습니다. 우리는 노동시간을 기준으로 노동량을 정했는데요. 이것은 그 노동이 정상적 조건(normalen Bedingungen)에서 행해졌음을 전제한 것입니다.[김, 261; 강, 288] 여기서 '정상적'(normal)이라고 말한 것은 윤리적이라기보다 통계적인 것입니다(통계적인 것이 윤리적·규범적 의미를 갖게 되었다고 말할 수도 있겠습니다). 말하자면 '정상적'이라는 말은 '평균적', '표준적'이라는 말과 같습니다. '정상적'이라는 말은 '보통 다른 사람들도 그렇게 하듯이'라는 의미를 담고 있지요. 여기서 많이 벗어나면 안 됩니다.

이는 생산수단과 노동력의 사용에서 모두 중요한데요. 먼저 생산수단과 관련해서 볼까요. 정상적 노동조건이란 방적기계 사용이 일반화된 사회에서 노동자가 물레로 작업을 하지 않는다는 걸 의미합니다. 노동수단만이 아니라 원료도 그렇습니다. 면화도 정상 품질, 평균 품질을 가지고 있어야 합니다. 만일 방적공이 자주 끊기는 면화와 전통 물레를 가지고 작업을 한다면 그는 동일한 양의 면사를 얻기 위해 '사회적 필요노동시간' 이상을 허비해야 할 겁니다. 그러나 평균 이상으로 지출한 그의 노동시간은 결코 가치를 인정받지 못합니다. 물론 이것은 마르크스의 말처럼 자본가에게 달린 문제입니다. 제대로 된 생산수단을 조달하는 것은 그의 책임이니까요.

이때 노동자와 관련해 살필 것도 있습니다. 정상 품질의 면화와 방적기계를 갖추었다고 해도 노동자가 그것을 목적에 맞게, 다시 말해 합목적적으로 쓰지 않으면 허사입니다. 원료를 낭비하거나 노동수단을 함부로 다뤄 성능을 떨어뜨리면 낭비된 만큼은 생산물의 가치로 이전될 수 없겠죠. 자본가는 이런 문제와 관련해서는 눈에 불을 켜고 감시하거나 최소한 CCTV라도 달아둡니다.

마르크스는 말합니다. "이 점에 대해 자본가는 자신의 독자적 형법을 갖고 있다."[김, 261~262; 강, 288] 자본가는 생산수단에 손상을 입힌 노동자들을 죄의 경중에 따라 처벌합니다. 정직, 전직, 감봉, 해고 등으로 이루어진 자체 법전이 있는 거죠. 이 '독자적 형법'이라는 말을 눈여겨봐둘 필요가 있습니다. 생산현장은 자본가의 왕국, 말하자면 '국가 안의 국가'라고 할 수 있습니다.[24] 자본가의 말이 법이 되는 곳, 자본가가 주권자인 곳이라고 할 수 있습니다. 우리는 시리즈의 다음 책에서 이 주제를 다룰 겁니다.

○ 인간임을 확인하려는 노동자의 저항

노동자가 생산수단을 사랑하기 힘들다는 건 앞서 말한 바 있습니다. 생산수단은 과거 노동자의 생산물이지만, 노동자에게는 현재 자본가의 사유물로 나타나고, 무엇보다 자신의 생명력을 빨아들이는 장치로 나타납니다. 마르크스는 여기에 긴 주석을 달았는데요.[김, 262, 각주 18; 강, 288, 각주 17] 노예들의 생산수단 파괴 행위를 언급합니다. 노예제사회에서는 노예들이 생산수단에 손상을 가하는 일이 많아 생산비가 상대적으로 비쌌다는 겁니다. 그래서 노예주들은 노예들이 생산수단을 쉽게 파괴할 수 없도록 '엄청나게 무겁고 무딘' 도구를 쓰게 하거나, 아예 버려도 되는 '조잡한 도구'를 쓰도록 했다는 겁니다. 그러니 생산성이 올라갈 수가 없었죠.

이 주석은 우리에게 두 가지를 말해줍니다. 하나는 노동자가 생산수단을 파괴함으로써 자본가에게 은근히 저항한다는 사실입니다. 마르크스는 주석에서 노예제에 대해 말하고 있지만 이것이 자본주의적 생산과정을 설명하며 달아둔 것임을 유념해야 합니다. 자본가의 형법과 노동자의 범죄. 이것은 생산현장이 지금까지 말한 것과는 달리 상당한 갈등의 장소라는 것, 노동자가 그저 순종적이기만 한 것은 아니라는 점을 말해줍니다.

또 하나는 노예가 동물과 도구를 대하는 방식인데요. 노예제에서는 노동자도 생산수단 즉 도구에 불과합니다. 마르크스의 구별에 따르자면, 노동자인 노예는 도구들 중에 '말하는 도구'이고 가축들은 '반쯤 말하는 도구'이며 사물들은 '말을 전혀 못하는 도구'입니다. 그런데 마르크스는 노예들이 생산현장에서 가축들을 학대하고 사물을 함부로 대하는 것이, 자신들이 "인간임을 느끼려는 것"이라고 해석했습니다. 자신들의 동물화와 사물화, 즉 비인간화에 맞서 스스로 인간임을 확인하려는 행동이었다는 거죠.

이는 다시 한 번 자본주의적 생산과정에서 노동자의 저항에 대해 생각하게 합니다. 상품이 된다는 것에는 사물화가 수반된다고 내가 이미 말한 바 있는데요(『화폐라는 짐승』, 21~22쪽). 물론 상품으로 팔린 것은 노동자가 아니고 노동력, 더 엄밀히 말하면 노동력에 대한 사용권입니다. 하지만 이것은 개념적으로만 그렇고요. 실제로는 노동자가 자본가의 통제 아래서 일하는 겁니다. 그 과정에서 노동자는 비인간화를 겪을 수밖에 없습니다. 마르크스의 주석을 참고하자면, 생산수단에 대한 노동자의 자잘한 파괴 행위는 스스로 인간임을 확인하려는 저항의 한 양상이라고 볼 수도 있겠습니다.

◦ 단순노동과 고급노동

정상적 노동조건과 관련해서 나는 조건 하나를 말하지 않았는데요(참고로 마르크스는 본문에서 이 조건을 두 번째 조건으로서 언급했습니다). 정상적 노동조건과 관련해 앞에서는 물레나 면사 등 생산수단만 고려했습니다. 이제 노동력에 대해서도 말을 해보죠. 정상적 생산이 이루어졌다는 것은 노동력이 "평균 정도의 숙련과 기능, 속도"를 발휘한다는 뜻입니다.[김, 261; 강, 288]

이 점에 대해서도 자본가는 감시의 눈길을 거두지 않습니다. 노동자가 근무시간 중에 딴짓을 한다면 자본가는 그 시간만큼 도둑질을 당했다고 생각할 겁니다. 자본가가 휴식시간이나 점심시간의 길이에 민감한 것도 이 때문입니다. 노동시간의 길이 말고 강도도 중요합니다. 자본가는 노동자가 게으름을 피우지 않고 일정 속도로 계속 노동하도록 통제합니다. 가장 쉬운 방법은 생산수단, 특히 기계의 속도를 이용하는 겁니다. 이를테면 컨베이어 속도를 일정하게 유지하지요. 그럼 노동자로서는 그 속도에 맞춰 일할 수밖에 없습니다(참고로 이런 문제들은 모두 이후 『자본』 제4편 '상대적 잉여가치의 생산'에서 살펴볼 겁니다).

하나 언급해둘 것이 있는데요. '단순노동'과 '고급노동'의 구분에 관해서입니다. 노동력이 평균 정도의 숙련과 기능, 속도를 발휘한다는 말이 노동력의 가치가 모두 똑같다는 말은 아닙니다. 업종이나 업무에 따라 자본가는 "좀 더 복잡하고 고도의 특수한" 노동을 필요로 합니다. 마르크스 역시 이 점을 부인하지 않습니다. 이런 노동력을 생산하려면 비용이 더 많이 들 겁니다. 교육비만 해도 큰 차이가 나겠죠. 따라서 이들 노동력의 가치는 상대적으로 단순한 다른 노동력의 가치보다 높습니다.

복잡노동 내지 고급노동의 경우 똑같은 시간에 더 많은 가치를 만들어냅니다. 상품 속에 더 많은 가치를 대상화하니까요. 이는 생산물 가치에 그대로 반영되기 때문에 해당 생산물은 동일한 노동시간 대비 다른 생산물에 비해 가치가 더 높습니다. 똑같은 노동시간에 더 많은 가치가 상응한다는 것은 노동시간이 노동량을 재는 절대적 척도는 아니라는 걸 말해줍니다. 마르크스는 이 문제를 "하루치의 고급노동은 x일의 단순노동"이라는 식으로, 사회적 평균노동으로 환산해서 계산하자고 했는데요.[김, 264; 강, 290] 고급노동 1일을 단순노동 2일로 계산하는 식이죠.

그렇다고 해도 가치증식과정에 대한 앞서의 설명에서 달라질 것은 없습니다. 고급노동의 경우에도 잉여가치가 생겨나는 지점은 고급노동이 노동력의 가치를 재생산하는 지점을 넘어서는 순간입니다. 상대적으로 비싼 노동력의 가치를 재생산한 후부터 잉여가치가 생겨납니다. 그러니까 "동일한 노동과정의 시간적 연장에 의해서만 생겨난다"라는 사실에는 변함이 없죠. 어느 업종에서 어떤 일을 하든 똑같습니다.

마르크스는 여기에도 우리가 꼭 생각해봐야 할 점을 주석으로 달아두었습니다. 우리는 방금 단순노동과 고급노동을 나누었고, 고급노동력의 가치가 단순노동력보다 크다고 했습니다. 마르크스도 그것을 인정했습니다. 하지만 임금을 많이 받는다고 그 노동력을 '고급'이라고 부르는 것이 합당한가. 마르크스는 주의를 당부합니다. "고급노동과 단순노동 사이의 구별 중 일부는 단순한 환상이거나 적어도 벌써 오래전부터 실질적 의미를 잃고 단지 전통적 관습으로만 존재하는 여러 차별에 기인한다. 또 일부는 노동자계급 가운데 자신의 노동력의 가치를 관철하는 힘이 다른 계층보다 취약한 계층의 절망적 상태에 기인한다."[김, 264, 각주 19; 강, 290, 각주 18]

정말로 중요한 지적입니다. 사무직이 생산직보다 정말로 더 고급노동일까. 유치원 교사의 일이 대학교수의 일보다 더 단순한가. 교수는 시간강사보다 열 배로 고난도인 복잡노동을 수행하는가. 마르크스의 말처럼, 어떤 일을 고급이라고 간주하고 어떤 일을 저급이라고 간주하는 데는 상당한 편견이 개입합니다. 지금은 그렇게 고급노동이라 할 수 없는데도 전통적 통념 때문에 여전히 고급 지위를 누리는 노동이 있고요, 노동 자체는 저급이 아닌데 해당 직종 노동자들에게 힘이 없어 그들의 노동이 저평가된 것도 많습니다.

특히 여성 노동자들의 경우 이들의 임금이 남성 노동자들보다 낮은 것은 능력 때문이 아니라 근거 없는 편견과 관습, 사회적 세력관계 탓일 겁니다. 착각하지 말아야 합니다. 새로운 시대, 그러니까 자본주의가 생겨났다고 해서 그 이전의 관계가 무로 돌아가는 게 아닙니다. 많은 경우 전통적 차별들은 자본주의에 맞게 재탄생되지요. 전통적 차별에서 벗어난다는 말이 곧 차별에서 벗어난다는 의미가 아니라는 겁니다. 전통적 차별에서 벗어나 자본주의적 차별로 들어서는 것이죠. 이를테면 여성이 수행하는 노동에 대한 저평가 같은 것으로요. 고급노동과 저급노동을 어떻게 계산하느냐고 묻기 전에, 우리는 그 구분이 우리 사회의 환상이나 편견, 권력관계를 말해주는 것은 아닌지 먼저 물어야 할 겁니다.

5

죽어 있는 것과 살아 있는 것

———

불변자본과 가변자본

생산물의 가치는
생산수단으로부터 이전된 가치와
노동력이 생산한 가치의 합계로
이루어진다고 했습니다. 하지만
엄격히 말하면 '가치이전'도
노동력의 '사용'을 통해서만 가능합니다.
생산수단에 들어 있는 가치는
과거 노동이 대상화된 것이지만,
그것을 생산물로 이전하는 것은 엄연히
현재 노동의 몫이니까요.
노동자는 아무런 대가 없이 그 일을 수행합니다.
자본가에게 무상으로 건네는 선물이죠.

루이스 하인, 〈증기 기관에서 일하는 건장한 정비공〉, 1920.
"경기가 좋을 동안 자본가는 돈벌이에 눈이 어두워 노동이 선사한 무상의 선물을
보지 못한다. [그러다가] 노동과정이 폭력적으로 중단되면,
즉 공황이 닥치면 그에게 이것이 얼마나 중요했는지 절감하게 된다."

지금까지 우리는 생산과정을 가치형성과정이라는 측면에서 살펴보았는데요. 마르크스는 제6장(영어판 제8장)에서 이 과정을 더 면밀히 살펴봅니다. 아직 충분치 않다는 겁니다. 도대체 무엇이 더 남았다는 걸까요. 그는 아직 가치형성과정에서 생산과정의 요소들, 그러니까 노동력과 원료, 노동수단 각각이 수행하는 역할을 충분히 해명하지 않았다고 생각합니다. 특히 가치형성과정에서 노동자들은 원료와 노동수단의 가치를 생산물 속으로 이전하고 거기에 새로운 가치를 더한다고 했는데요. 그 일이 어떻게 이루어지는지를 충분히 밝히지 않았다고 여기는 겁니다. 마르크스의 이론적 열정이랄까 지독한 의지 같은 게 느껴집니다. '분석'(analysis)이라는 말이 '끝까지 풀어놓는다'라는 뜻이라고 했었지요(『마르크스의 특별한 눈』, 18쪽). 정말로 그는 설명되지 않은 매듭은 하나도 남겨놓지 않으려는 듯 보입니다.

　　　　○ 다음 단계로 가기 위한 개념적 준비물

당연한 말이지만 그렇다고 마르크스가 이론적 열정이나 과시하려고 제6장을 쓴 것은 아닙니다. 가치형성과정에서 각각의 요소들이 수행하는 역할을 보여주면서 그는 '불변자본'과 '가변자본'이라는 자신만의 개념을 만들어냅니다. 이 개념은 앞으로 『자본』에서 펼쳐나갈 내용을 이해하는 데 무척 중요합니다. 마르크스는 이 개념을 통해 생산현장에서 일어난 역사적 변화들이 가치증식과 어떻게 관련되는지 밝힙니다. 이를테면 노동일의 길이를 둘러싼 갈등(제8장, 영어판 제10장)과 노동력 조직 방식의 변화(협업과 분업 등; 제10~12장, 영어판 제12~14장), 노동수단 혁신(기계화; 제13장, 영어판 제15장) 등이 왜 나타났고 어떤 의미를 갖는지 보여주지요.

또한 마르크스는 이 개념 덕분에 '자본의 구성'(Zusammensetzung des Kapitals)을 분석할 수 있었습니다(제23장, 영어판 제25장). '자본의 구성'이란, 나중에 자세히 다루겠지만, 자본을 어디에 얼마 투자하는가의 문제입니다. 노동력에 얼마를 투자하고 원료나 기계에 얼마를 투자했는지에 따라 자본 규모가 같아도 잉여가치(이윤)는 달라지거든요. 자본의 구성은 자본의 축적과 이동에서 매우 중요한 문제입니다. 그는 또한 자본주의 발전과 더불어 자본의 구성에서 어떤 추세가 나타난다는 것을 보여주는데요. 이 추세 때문에 자본주의가 봉착하게 되는 위기에 대해서도 말합니다.

하지만 이 모든 것은 지금 할 수 있는 이야기가 아닙니다. 『자본』이 전개되면서 우리가 마주하게 될 것들이죠. 마르크스는 다음 단계로 나아가기 전에 항상 독자들에게 준비물을 미리 챙겨줍니다. 우리는 우리에게 닥칠 주제를 다룰 개념적 준비물을 『자본』을 읽어가는 과정에서 자연스레 확보할 겁니다. 그러니 순차적으로 따라가기만 하면 됩니다. 지금을 잘 이해하는 것이 다음을 잘 준비하는 일입니다. 다시 말하지만 『자본』의 서술 순서는 중요합니다. 서술의 순서가 이해의 순서입니다. 자, 그럼 차근차근 따라가볼까요.

◦ 가치형성과 가치이전의 차이

노동자는 생산물에 새로운 가치를 더하면서 과거의 가치를 이전한다는 이야기에서 시작해보겠습니다. 이 일은 어떻게 이루어지는 걸까요. 노동과정과 가치형성과정을 비교하면서 나는 이런 말을 했는데요. 노동자가 사용가치와 가치를 생산하기 위해 두 번 일하는 것은 아니라고요. 생산과정은 동일한데 우리가 한 번은 노동과정으로, 다른 한 번은 가치형성과정(가치증식과정)으로 분석했을 뿐입니다. 그런데 '가치의 형성'과 '가치의 이전'에 대해서도 우리는 마찬가지 말을 할 수 있습니다. 노동자는 두 번 일하지 않고 한 번 일하면서 두 가지를 동시에 이루어낸다고 말입니다. 말하자면 노동자는 "새로운 가치를 더하는 바로 그 행위를 통해 종전의 가치를 보존"합니다.[김, 266; 강, 291]

그런데 이것이 어떻게 가능하냐고 물으면 명쾌하지 않은 부분이 있습니다. 사용가치의 생산과 가치의 생산은 노동이 지닌 이중성으로 이해할 수 있었죠. 방적공의 노동을 구체적 유용노동이라는 점에서 보면 실이라는 사용가치를 생산한 것이고 추상노동이라는 관점에서 보면 가치를 생산했다고 할 수 있으니까요. 하지만 '가치의 이전'과 '가치의 형성'에서 말하는 '가치'는 모두 추상노동이 대상화된 것입니다.

어떻게 똑같은 추상노동인데 두 가지 일, 즉 과거의 가치를 이전하는 일과 새로운 가치를 형성하는 일이 동시에 진행될 수 있을까요. 과거의 것을 보존하는 것과 새로운 것을 창조하는 것은 정반대 일처럼 보이기까지 하는데 말이죠. 그런데 마르크스는 이것도 노동의 이중성으로 설명될 수 있고 또 그래야만 한다고 말합니다. '가치'는 모두 추상노동이 대상화된 것이지만, 그는 가치를 '이전하는' 일 자체는 추상노동에 의해 이루어지는 게 아니라고 말합니다. 가치의 '형성'은 추상노동에 의한 것이지만, 가치의 '이전'은 구체적 유용노동에 의한 것이라고요. 그래서 '가치형성'과 '가치이전'이 동시에 이루어질 수 있다고 했습니다.

결국 '가치의 이전'이 구체적 유용노동을 통해 이루어진다는 말을 이해하는 것이 관건일 듯합니다. 방적공을 예로 들어보겠습니다. 방적공은 면화를 면사로 바꾸면서 새로운 가치를 더합니다. 그의 노동은 가치형성노동이죠. 이때 형성된 가치량은 방적공의 노동시간만큼입니다. 그런데 이 시간 동안 방적공이 하는 일이란 면화와 방추를 이용해 면사라는 새로운 사용가치를 생산하는 것이죠. 면사라는 사용가치의 생산에 면화와 방추를 참여시킨 겁니다. 여기서 가치이전은 면화와 방추가 면사 생산에 참여하는 한에서 그 참여만큼 이루어집니다. 그러니까 생산수단은 생산물의 사용가치에 참여한 만큼, 딱 그만큼 생산물의 가치에도 참여하는 거죠.[김, 267; 강, 292]

그런데 방적공이 사용가치의 생산과정에서 생산수단을 합목적적으로 사용하지 않는다면 생산수단의 가치'이전'은 제대로 이루어지지 않습니다. 방적공이 얼마나 면화와 방추를 잘 다루느냐에 가치이전이 달려 있는 거죠. 다시 말해 '가치이전'은 방적공의 구체적 노동의 문제라는 겁니다.

정리하면 이렇습니다. 면사에 새로운 가치가 더해진 것 (면화와 방추의 가치 합계를 넘어선 부분)은 방적공이 행한 노동의 추상적이고(abstrakten) 일반적인(allgemeinen) 속성을 통해서입니다. 방적공은 대포 제조공처럼 인간노동력을 지출했고 그것이 사물에 가치를 부여한 겁니다. 그런데 면사의 가치에 면화와 방추의 가치가 이전될 수 있었던 것은 방적공이 행한 노동의 구체적이고(konkreten) 특수하며(besondren) 유용한(nützlichen) 속성을 통해서입니다.[김, 267; 강, 293] 방적공은 대포 제조공이라면 불가능했을 일, 즉 면사를 생산하는 일에 면화와 방추를 효과적으로 참여시켰습니다. 그 덕분에 면화와 방추의 가치가 면사로 이전될 수 있었습니다.

생산물의 가치는 이전된 가치와 형성된 가치로 이루어져 있습니다. 둘이 하나를 이룹니다. 하지만 가치이전과 가치형성은 그 방식이 전혀 다릅니다. 그렇기 때문에 생산성 변동 같은 게 나타나면 둘의 움직임이 완전히 달라집니다.

이를테면 어떤 발명 덕택에 방적공이 동일한 시간에 이전보다 6배나 많은 면화를 처리할 수 있게 되었다고 해봅시다.[김, 268; 강, 293] 과거에는 6시간 동안 10킬로그램의 면화를 처리했는데 이제는 60킬로그램의 면화를 처리할 수 있게 되었습니다. 여기서 이전된 가치량과 형성된 가치량의 변화를 살펴볼까요. 사용한 면화가 10킬로그램에서 60킬로그램으로 늘었으니 이전되는 면화의 가치량도 6배 늘어납니다. 하지만 노동시간이 6시간으로 동일한 한에서 형성된 가치량은 과거와 달라질 게 없습니다. 오히려 일정량의 생산물을 기준으로 놓고 보면 새로 형성된 가치는 ⅙로 줄었다고 할 수 있습니다. 면사 10킬로그램에 추가된 가치량은 생산성 혁신 이전에는 6노동시간이었지만 혁신 이후에는 1노동시간이 되니까요. 방적공의 노동을 예전에는 10킬로그램의 면화가 흡수했는데 이젠 60킬로그램이 흡수하죠.

이런 경우도 생각해볼 수 있습니다. 방적공의 노동생산성과 노동시간은 그대로인데 면화의 재배 조건이 바뀌어 면화 가치가 변동한 경우 말입니다. 재배 조건이 달라져서 면화의 가치가 6배 오르거나 ⅙로 떨어진다고 해봅시다. 방적 노동의 조건이 변하지 않았기 때문에 면화는 동일한 양을 사용하겠죠. 생산되는 면사의 양도 같고요. 그러면 이전되는 가치량과 형성되는 가치량에는 어떤 변화가 일어날까요. 이전되는 가치량은 면화 가치의 변동에 따라 6배 늘거나 ⅙로 줄어들겠죠. 하지만 형성되는 가치량은 방적공의 노동시간이 변하지 않는 한 변화가 없습니다. 노동수단인 경우도 마찬가지입니다. 방적 노동의 조건이 변하지 않는 한에서 방추의 가치변동에 따라 이전되는 가치량은 변하지만 형성되는 가치량은 변하지 않습니다.

이전되는 가치량이 변했으니 면사의 가치도 변할 겁니다. 하지만 이 변화는 면화나 방추의 가치변동에 '비례적'이지 않습니다. 이전되는 가치량은 변했지만 형성되는 가치량이 변하지 않았기에 둘의 합계인 생산물의 가치가 비례적으로 변할 수 없지요. 면화와 방추의 가치가 6배 오른다고 면사의 가치가 6배 오르지는 않습니다. 그리고 이 변화의 영향은 생산단계가 추가될수록 약화됩니다. 면사로 광목(廣木)을 짜고, 광목으로 옷을 만들면, 면화의 가치변동이 옷의 가치에 미치는 영향은 면사의 가치에 미치는 영향보다 작습니다.

생산과정에서 이전되는 가치량과 형성되는 가치량이 비례하는 경우가 없지는 않습니다. 만약 방적공의 생산성이 그대로이고 생산수단인 면화와 방추의 가치도 그대로라면, 두 값은 비례적으로 변할 겁니다. 이런 조건에서는 노동시간이 2배 늘어나면 생산수단의 소비량도 2배 늘어날 겁니다. 노동시간이 2배 늘면 형성되는 가치량이 2배 늘어납니다. 또 생산수단 소비량이 2배 늘었으니 이전되는 가치량도 2배 늘겠지요. [김, 269; 강, 294]

정리하자면 이렇습니다. 생산물의 가치는 '이전되는 가치'와 '형성되는 가치'의 합계입니다. 둘이 합쳐져 하나를 이룬다고 하겠습니다. 하지만 방금 살펴본 것처럼 둘의 속성은 본질적으로 다릅니다. 이전되는 가치는 노동과정에서 소모되는 생산수단의 양과 관련되는 반면, 형성되는 가치는 가치증식과정에서 더해진 노동량과 관련되기 때문입니다.

◦ 생산과정에 머무는 것과 사라지는 것

생산수단의 가치는 노동과정에서 소모되는 양에 비례해 이전되다고 했는데요. 애초에 그 가치라는 게 사용가치 속에 존재하는 것이라 사용가치의 양이 줄어들면 거기 머물러 있던 가치도 그만큼 줄겠지요. 면화의 절반이 소모되었으면 가치도 정확히 절반이 사라집니다. 그렇다고 면화에서 사라진 가치가 없어지는 것은 아닙니다. 모두 면사로 이전되지요.

가치가 사용가치 없이 존재할 수 없다는 말은 옳습니다. 면화의 가치는 면화의 몸뚱이 덕분에 존재할 수 있었지요. 하지만 면화의 가치가 면화의 몸뚱이만 고집하는 것은 아닙니다. 면사의 몸뚱이에서도 얼마든지 안식처를 발견하지요.

면화만이 아니라 방추도 그렇습니다. 방추도 사용기간이 길어질수록 사용가치가 줄어듭니다. 면화처럼 사용가치의 변화가 바로 눈에 띄지는 않지만, 방추 1개를 4일 정도 쓸 수 있다면 하루에 1/4개만큼 사용되었다고 간주할 수 있지요. 외형상 변화가 잘 보이지 않을지라도 방추는 사용가치를 잃어가고 거기에 담겨 있던 가치도 그만큼 줄어듭니다. 이 줄어든 가치 역시 사라지는 것은 아니고 면사 속으로 이전되지요.

그런데 방금 면화와 방추 사이에서 어떤 차이를 느꼈는지 모르겠습니다. 둘 모두 사용가치의 소모량만큼 면사에 가치를 넘겨주는데요. 그 양상이 다릅니다. 똑같은 생산수단이어도 원료나 보조자재의 경우에는 사용과 동시에 모습을 잃습니다. 면화는 사용되는 순간 면화로서는 사라집니다. 형태가 크게 변형되지요. 윤활유 같은 보조자재들도 그렇습니다. 사용하는 순간 사라지거나 변해버립니다.

하지만 공구나 기계, 건물 등은 사용해도 형태가 거의 변하지 않습니다. 심지어 "죽은 뒤에도", 그러니까 사용가치를 완전히 잃어버린 뒤에도 영혼만 빠져나간 신체처럼 그대로 서 있습니다.[김, 271; 강, 296] 생산과정에서 소모되지만 생산물에는 신체 한 조각도 넘기지 않습니다. 그래서 매번 이전되는 가치량이 얼마인지 눈으로 가늠하기 어렵지요. 면화였다면 매번 소모되는 양을 바로 알 수 있습니다. 소모량만큼 가치도 이전되었을 것이고요. 하지만 방적기계의 경우에는 매번 어느 정도 소모되었는지, 가치이전은 얼마나 일어났는지 등을 바로 알 수 없습니다.

물론 눈에 보이지 않는다고 계산까지 어려운 것은 아닙니다. 어떤 기계가 10년으로 수명을 다했다면 10년에 걸쳐 가치가 모두 이전되었다고 봐야 합니다. 그렇다면 1년에는 $\frac{1}{10}$만큼의 가치가 이전되었다고 볼 수 있고, 1일에는 1년 동안 이전된 가치의 $\frac{1}{365}$만큼의 가치가 이전되었다고 볼 수 있지요. 꼭 해당 기계가 수명을 다한 경우에만 계산할 수 있는 것도 아닙니다. 동일한 기계의 평균적 수명이 알려져 있다면 매일매일 어느 정도 가치가 이전되는지 추산할 수 있지요.

마르크스는 이를 인간에 비유했는데요. 인간은 누구나 매일 24시간씩 죽어갑니다. 물론 어떤 사람을 보고 지금까지 얼마나 죽었는지를 바로 알 수는 없지요. 하지만 "이것이 생명보험회사가 인간의 평균수명으로부터 매우 확실한 수익률을 산출해내는 데 장애가 되지는 않"습니다.[김, 272; 강, 296] 우리가 다음 책에서 만날 이야기지만 더 잔인한 예도 있습니다. 근대사회에서 인간은 상품이 아니기에 가치를 갖지 않습니다. 하지만 자본주의와 노예제를 함께 유지한 경우가 있었죠. 남북전쟁 당시까지의 미국이 그렇습니다. 면화 수출이 본격화되었을 때 미국 남부에서는 흑인 노예 한 명을 소진하는 데 평균 7년이 걸렸다고 합니다.[김, 314; 강, 336] 말 그대로 마구 쓰고 버린 거죠. 노동과정이 얼마나 혹독했을지 미루어 짐작할 수 있습니다. 노예를 돌보면서 부려먹을지 그냥 마구 쓰고 버릴지 면화 생산업자들은 노예 한 명의 가치와 소진 기간을 놓고 꽤나 정확히 계산하려 했을 겁니다.

너무 잔인한 이야기가 되고 말았습니다만 인간이 생산수단으로서 학대받은 일이 그리 오래전은 아니었습니다. 동물들은 지금도 그렇게 학대받고 있습니다(이제는 농업보다는 의약품 등을 생산하는 생명산업에서 동물을 생산수단으로 더 많이 사용합니다). 냉혹한 비유를 계속 들자면, 밭을 가는 가축이나 면화를 따는 노예는 생산물인 면화에 살점 하나 집어넣지 않습니다. 신체 전체 내지 일부가 직접 상품으로 팔리는 경우는 있지만 말입니다. 방적기계도 그렇지요. 면사를 만들면서 작은 쇳조각 하나 넣지 않습니다.

그러니까 생산수단 중에는 생산물에 가치만이 아니라 사용가치도 넘기는 경우가 있는가 하면, 가치만 넘기고 사용가치로서는 그 자리에 남아 있는 경우도 있습니다. 후자의 경우, 즉 현물로서는 남고 가치만을 넘기는 경우는 우리에게 다시금 현물과 가치의 차이를 일깨워줍니다.

여러 번 말한 것처럼 가치는 사용가치 없이 나타날 수 없습니다. 그러나 상품에서 가치와 사용가치, 영혼과 몸뚱이는 엄연히 다릅니다. 면화 같은 원료에서는 이 점이 잘 드러나지 않습니다. 생산물에 가치와 사용가치 모두가 들어가니까요. 하지만 가치만을 전하는 기계에서는 둘의 차이가 확연합니다. 마르크스는 이와 관련해 '영혼이주'(Seelenwandrung)라는 흥미로운 표현을 썼습니다.[김, 275; 강, 300] 기계의 경우 몸은 두고 영혼만 옮겨 간다는 뜻입니다. 영혼의 윤회라고 할까요. 마치 애니메이션 〈공각기동대〉*Ghost in the Shell*에서 인형사의 영혼이 구사나기 소령의 몸으로 옮겨 가는 장면처럼요. 마르크스는 실제로 그런 비유를 들었습니다. 노동자가 노동할 때 그 "등 뒤에서"(hinter dem Rücken)에서 그런 일이 일어난다고요.[김, 275; 강, 300]

◦ 노동자가 자본가에게 건네는 선물

똑같은 생산수단이어도 가치를 이전하는 양상에서 원료와 노동수단이 달라 보인다고 했는데요. 엄밀히 말하면 원료와 노동수단의 차이는 아닙니다. 노동수단인 경우에도 가열용 석탄 같은 보조자재들은 사용과 동시에 사라지니까요. 형태를 계속 유지하지 못하죠. 가치도 바로 이전되고요. 반대로 기계들은 상당히 오랫동안 형태를 유지하면서 가치도 조금씩 이전합니다.

19세기 정치경제학들도 이 두 가지를 나누어야 한다고 생각했습니다. 이들은 각각 '고정자본'(fixed capital)과 '유동자본'(circulating capital)이라는 이름을 부여했지요. '고정자본'이란 말 그대로 자본이 어딘가에 고착되어 있다는 뜻입니다. 특정한 영역, 특정한 사용가치, 이를테면 건물이나 기계에 일정 기간 묶여 있는 것이죠. '유동자본'은 곧바로 흘러가는 자본입니다(단어상으로는 '유통자본'이라고 옮겨도 좋겠지만 '유통업에 투자된 자본'과의 혼동을 막기 위해 '유동자본'이라고 부르겠습니다).

마르크스 역시 '고정자본'과 '유동자본'을 구분하는 게 중요하다고 생각했습니다(이에 대해서는 부록노트를 참조). 하지만 그는 『자본』 I권에선 이 말들을 사용하지 않습니다(몇 차례 등장합니다만 마르크스 자신의 말이 아니라 그가 인용한 글 속에 있습니다). 실제로는 내용을 모두 말하면서도 말입니다. 그것은 둘의 구분이 중요함에도 불구하고 그 중요성이 부각되어야 할 곳은 여기가 아니라고 봤기 때문입니다. 『자본』의 서술순서상 아직 그 이름을 말할 단계가 아닌 겁니다.

지금 우리는 가치의 생산과정을 다루고 있습니다. 크게 보면 『자본』 I권 전체가 '자본의 생산'에 대해 말합니다. 잉여가치가 어디서 어떻게 생겨나는지를 다룬다고 할 수 있죠. 『자본』 II권에 가면 이렇게 생산된 자본이 어떻게 순환하고 회전하는지, 다시 말해 '자본의 유통'을 다룹니다. 고정자본과 유동자본의 문제가 중요하게 부각되는 곳은 바로 거기입니다. 투자된 자본이 얼마나 빨리 회수되고 재투자될 수 있는지가 자본 축적에 큰 영향을 미치거든요(참고로 『자본』 II권 제2편의 두 번째 장 제목이 '고정자본과 유동자본'입니다). 우리는 이제 겨우 가치의 생산(크게 보면 '자본의 생산')을 다루기 시작했습니다. 그러니 지금은 자본의 형태상 구별까지 언급할 단계는 아니죠.

사실 가치의 생산과정만 놓고 보면 고정자본과 유동자본의 차이가 그렇게 중요하지 않습니다. 둘의 차이보다는 오히려 공통점이 훨씬 중요합니다. 마르크스는 이 점을 매우 강조합니다. 원료든 노동수단이든 간에 생산수단인 한에서는 "그것이 노동과정에서 얼마나 유용하게 사용되었느냐와 무관하게, 자신이 지닌 가치보다 더 많은 가치를 생산물에 부가할 수 없"습니다.[김, 274; 강, 299]

생산물로 이전할 수 있는 가치량의 최대치는 과거의 생산과정에서 정해집니다. 생산수단을 생산물로 생산했던 과거 노동에 의해서 말입니다. 그 이상을 현재의 생산과정에서 이전할 수는 없습니다. 현재의 생산과정에서 할 수 있는 일이라고는 대상화된 과거의 노동을 최대한 옮기는 것뿐입니다. 말하자면 원료를 낭비하지 않고 도구나 기계도 최대한 합목적적으로 쓰는 거죠. 게다가 우리가 나중에 보겠습니다만(제13장, 영어판은 제15장), 자본가들에게는 기계와 관련해서 '도덕적 마모'에 대한 두려움이 있습니다. 도덕적 마모라고 표현했지만 실은 기술혁신과 관련된 것입니다.

만약 내가 기계의 가치를 생산물로 다 이전하지 못한 상황에서, 나와 경쟁하는 자본가가 생산성을 비약적으로 올린 새로운 기계를 도입하면, 나는 별로 사용하지 못한 기계일지라도 폐기처분할 수밖에 없습니다. 물리적으로는 아직 마모된 게 아닌데도 더는 쓸 수 없는 거죠. 이때 자본가의 해결책은 하나뿐입니다. 기계의 전원을 끄지 않는 것이죠. 진인사대천명. 노동자를 교대로 투입해서라도 기계를 24시간 내내 최대로 돌려야 합니다.

앞서 노동과정을 다루면서 나는 노동의 기본 요소들 중 원료와 노동수단을 '생산수단'이라는 이름으로 묶는 것이 노동과정 자체에서는 큰 의미가 없어 보이지만 가치증식과정(가치형성과정)에서는 중요하다고 말한 바 있습니다. 자본가가 시장에서 구매한 상품들 중 원료와 노동수단은 그 가치만큼만 생산물 속에 이전됩니다. 구매한 가치 그대로 보존되는 것이죠. 하지만 노동력은 다릅니다. 노동력은 자본가가 구매하며 지불한 가치를 재생산하면서 동시에 잉여가치까지 생산합니다. 가치형성이라는 관점에서 생산과정을 바라보면 세 요소 중 생산수단(원료와 노동수단)과 노동력의 구분이 결정적으로 중요하다는 것을 알 수 있습니다.

생산물의 가치는 생산수단으로부터 이전된 가치와 노동력이 생산한 가치의 합계로 이루어진다고 했습니다만, 엄격히 말하면 '가치이전'도 노동력의 사용을 통해서만 가능합니다. 생산수단에 들어 있는 가치는 과거 노동이 대상화된 것이지만 그것을 생산물로 이전하는 것은 엄연히 현재 노동의 몫이니까요. 노동자는 아무런 대가 없이 그 일을 수행합니다. 자본가에게 무상으로 건네는 선물이죠. "경기가 좋을 동안에는 자본가는 돈벌이에 눈이 어두워 노동이 선사한 무상의 선물(Gratisgabe)을 보지 못한다. [그러다가] 노동과정이 폭력적으로 중단되면, 즉 공황이 닥치면 그에게 이것이 얼마나 중요했는지 절감하게 된다."[김, 276; 강, 300] 공장 가동이 중단되면 새로운 가치가 형성되지 않는 것은 물론이고 자연의 힘에 의해 생산수단들이 망가지기 때문입니다.[김, 276, 각주 5; 강, 300, 각주 23] 기계가 부식되면 기계 속에 대상화된 가치도 사라져버리지요. 아무리 자본가가 기계를 움켜잡고 있어도 가치가 빠져나가는 걸 막을 길은 없습니다.

◦ 가변자본과 불변자본

우리는 여기서 다시 한 번 '살아 있는 노동'의 힘을 확인합니다. 마르크스의 표현을 빌리자면, 노동력에는 새로운 가치를 더하면서 과거의 가치를 보존하는 '천부적 자질'(Naturgabe)이 있습니다. 가치를 더하는 일을 했을 뿐인데 그것이 가치를 보존하는 일도 된 것이죠. '천부적 자질'이라고 했지만, 직역하자면 자연의 선물입니다. 노동자는 자연이 자신에게 준 선물을 아무런 대가 없이 자본가에게 건네는 겁니다.

그뿐 아니라 노동자는 가치형성과정에서 자본가가 자신에게 지불한 가치를 재생산합니다. 이 점에서도 노동력은 생산수단과 다릅니다. 생산수단의 가치는 생산과정에서 사라지지만 없어진 것은 아니라고 했습니다. 생산물 속으로 옮겨 가니까요. 생산수단의 가치는 다시 '생산'된 것이 아니라 다시 '나타난' 것입니다. 과거 생산된 가치가 한쪽(생산수단)에선 사라졌지만 다른 쪽(생산물)에선 '나타난' 것이죠. 그래서 마르크스는 말합니다. "생산수단의 가치는 생산물의 가치 속에 재현되는(wiedererscheinen) 것이지, 엄밀히 말해 재생산되는 (reproduzieren) 것은 아니다."[김, 277; 강, 301]

하지만 노동력은 다릅니다. 노동력의 가치는 생산과정에서 생산됩니다. 자본가가 시장에서 노동력이라는 상품을 구매했을 때 값을 치렀다는 전제하에 우리는 노동자가 그 가치를 '재생산'했다고 말할 수도 있겠습니다. 이 가치는 과거에는 없던 가치입니다. 생산수단에 대상화된 가치들은 모두 과거에 생산된 것들입니다만, 노동자가 생산한 노동력의 가치는 새로 생산된 것이죠. 세상에 처음 나온 가치생산물입니다. 오리지널한(본원적인) 것이죠. 그래서 마르크스는 이를 '본원가치'(Originalwert)라고 부릅니다.[김, 277; 강, 302]

물론 노동자가 노동력의 가치만큼만 생산하는 것은 아닙니다. 만약 그랬다면 자본가로서는 남는 게 없겠죠. 노동자는 가치의 초과분(Überschuß)을 생산해야 합니다. 물론 이 초과분도 현재의 생산과정에서 새로 생산된 가치입니다. 이 초과분 즉 잉여가치가 생산물의 가치를, 생산과정에서 사용된 요소들(노동력과 생산수단)의 가치 합계보다 크게 만들어줍니다.[김, 278; 강, 302]

지금까지 우리는 가치형성과정에서 노동력과 생산수단이 어떤 역할을 하는지 보았습니다. 생산물의 가치에는 생산수단의 가치도 담기고 노동력이 생산한 가치도 담깁니다. 하지만 적극적 요소는 노동력입니다. 가치형성과정에서 말 그대로 가치형성 활동을 하는 것은 노동력입니다. 생산과정에서 새로 형성된 가치는 정확히 노동력의 활동량만큼입니다.

이는 노동과정, 그러니까 사용가치의 생산에서 노동력이 차지하는 위상과 같습니다. 노동자의 합목적적 노동은 노동수단의 선택과 사용법, 노동대상의 변화 방향을 규정짓습니다. 노동과정에서 노동력은 주체적(subjektive) 요소였고 생산수단은 객체적(objektive) 요소였습니다(참고로 여기서 말하는 'subjektive/objektive'는 노동과정에서 차지하는 위상의 문제이지 견해나 관점, 그러니까 '주관/객관'의 문제가 아닙니다).[25][김, 279; 강, 303] 가치형성과정도 이에 상응합니다. 노동력은 가치형성과정에서 적극적인 부분, 가치의 변화를 일으키는 부분입니다. 반면 생산수단은 가치가 변하지 않는 소극적인 부분, 죽은 부분입니다.

가치의 생산에서 중요한 것은 이 둘을 나누는 것입니다. 자본가가 구매한 상품 중 가치변화에 직접 관여하는 것은 노동력입니다. 생산수단에 투자한 부분은 생산과정에서 가치가 변하지 않습니다. 그 가치가 이전될 뿐이죠. 바로 여기서 마르크스는 자신만의 개념을 만들어냈습니다. 그는 생산수단으로 전환된 자본의 부분에 대해서는 '변하지 않는 자본 부분' (konstanten Kapitalteil), 더 줄여서 '불변자본'(konstantes Kapital)이라 부릅니다. 반면 노동력으로 전환된 자본 부분은 가치가 변하죠. 자신의 가치를 생산한 후에도 가치를 더 생산할 수 있습니다. 잉여가치를 낳는 부분이죠. 마르크스는 이를 '변화하는 자본 부분'(variablen Kapitalteil)', 더 줄여서 '가변자본' (variables Kapital)이라 부릅니다.[김, 278~279; 강, 302~303] 이렇게 해서 불변자본과 가변자본이라는 개념이 탄생했습니다.

　　그런데 '불변자본'과 '가변자본'이라는 용어를 자칫 오해할 수 있어요. 생산수단에 투자된 자본 부분을 '불변자본'이라 했는데, 이는 생산수단에 투자된 가치는 결코 변하지 않는다는 뜻이 아닙니다. 면화의 가치는 생산조건에 따라 얼마든지 변할 수 있고요. 심지어 면화를 사들인 시점과 면화를 사용하는 시점 사이에 가치가 변하면 면화는 최종 시점의 가치를 갖습니다. 가치가 변할 수 있는 거죠. 이런 가치변동은 면사, 광목, 옷의 가치에 순차적으로 영향을 줍니다. 이 영향의 크기는 뒤로 갈수록 약화됩니다만(그래서 투기꾼들은 가급적 낮은 단계의 가공물, 이를테면 광목보다는 면사에, 면사보다는 면화를 투기 대상으로 삼는다지요.[김, 279; 강, 303] 낮은 단계의 가공물일수록 가치변동이 크니까요), 어떤 경우든 면화를 면사로 만드는 생산과정에서 가치가 변하는 것은 아닙니다. 면화의 가치는 항상 면화 생산에 필요한 사회적 노동량에 의해 주어져 있습니다. 이 점은 방추도 마찬가지입니다. 생산수단으로 사용될 때 그 사용에 의해 가치가 변하지는 않습니다.

'가변자본'은 반대 방향의 오해가 있을 수 있겠습니다. 노동력에 투자된 자본 부분을 '가변자본'이라고 했는데요. 이는 생산과정에서 노동력의 가치 자체가 변동한다는 뜻이 아닙니다. 노동력의 가치도 노동력을 상품으로 생산하는 데 필요한 사회적 노동량에 의해 이미 정해져 있습니다. 다만 노동력은 생산과정에서 새로운 가치를 생산하며, 무엇보다 자신의 가치 이상을 생산해낸다는 점에서 '가변자본'이라고 부른 겁니다. 거듭 말하지만 노동력의 가치 자체가 변하는 게 아니라 노동력의 사용을 통해 그 가치 이상의 가치를 생산할 수 있는 겁니다.

어떻든 이로써 우리는 '불변자본'과 '가변자본'이라는 새로운 개념을 갖게 되었습니다. 앞으로 종종 사용할 말이니 잘 이해해두어야 합니다. 자본주의 생산양식의 변동과 더불어 '불변자본'과 '가변자본'의 비율이 크게 달라지고 생산수단과 노동력의 가치도 계속 변화할 겁니다. 하지만 이런 변동은 가치형성과정에서 불변자본(생산수단)과 가변자본(노동력)이 수행하는 기능에는 아무런 영향도 미치지 않습니다.[김, 281; 강, 305] 가치를 형성하고 증식하는 것은 노동력이며, 생산수단의 가치는 노동력의 사용과정에서 생산물로 이전되고 보존될 뿐입니다.

6

동일한 것의 다른 이름

———

'잉여가치율'과 '착취도'

우리는 우리가 역사적으로 만들어낸 렌즈
혹은 우리에게 역사적으로 주어진 렌즈를 통해
세상을 바라보고
그렇게 보이는 세상을 살아갑니다.
이를테면 우리는 민주주의를 지향합니다.
그러나 그것을 지향하기 전에
그것은 우리가 역사적으로 형성한
혹은 우리에게 역사적으로 주어진 개념입니다.
어떤 개념을 '형성'하느냐에 따라
우리가 사는 세상이 달라 보입니다.
마르크스의 개념도 마찬가지입니다.
그의 개념을 통해 우리에게 나타난 세상은
더는 예전의 세상이 아닙니다.

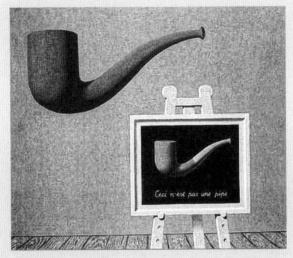

르네 마그리트, 〈두 가지 신비〉, 1966.
개념의 탄생은 세상을 바라보는 눈의 탄생과 같다.
세상에 대한 새로운 목격이 이루어지는 것이다.
마르크스와 더불어 새로운 눈 하나가 세상에 태어났다.

이제 불변자본과 가변자본 개념을 이용해 자본가가 투자한 자본(C)의 구성을 간단히 살펴보겠습니다. 자본가는 생산영역에 들어서기 전에 상품을 여럿 구매했지만 우리는 그것을 크게 두 가지로 나눌 수 있습니다. 생산수단에 투자한 부분 즉 불변자본(c)과 노동력에 투자한 부분 즉 가변자본(v)이죠. 등식으로 표기하면 이렇습니다. C=c+v. 그런데 생산과정을 마치면, 자본가가 그토록 열망하는 잉여가치(m)가 생겨납니다. 처음 투자한 자본보다 늘어나는 거죠. C′=c+v+m.

○ '가치생산물'과 '생산물의 가치'

이 과정을 조금 더 자세히 살펴볼까요. 생산물의 가치는 생산에 투입된 요소들의 가치 합계보다 큽니다. 동어반복입니다만, 생산물의 가치가 생산요소들의 가치 합계보다 큰 것은 생산과정에서 가치증식이 일어났기 때문입니다. 하지만 이제 우리가 아는 것처럼 불변자본에서는 가치증식이 일어나지 않습니다. 불변자본의 가치는 '재현'될 뿐이죠. 다시 강조하지만 '재생산'되는 게 아니라 '재현'되는 겁니다. '재생산'이란 다시 생산한다는 것인데, 현재의 노동자는 결코 생산수단의 가치를 처음 생산하지도, 다시 생산하지도 않습니다. 그것을 생산한 것은 과거의 노동자입니다. 현재의 노동자가 생산한 것은 '노동력의 가치'(v)와 '잉여가치'(m)뿐입니다.

다시 면사 생산의 예로 돌아가겠습니다(마르크스는 본문에서 새로운 예를 들었지만 우리에게 친숙한 예를 가지고 계속 설명하겠습니다). 방적공은 면화 20킬로그램에 방추 ½개를 사용해서 면사 20킬로그램을 생산했습니다. 노동시간은 1노동일(12시간)이었지요. 면화 20킬로그램의 가치는 20만 원(40시간), 방추 ½개의 가치는 4만 원(8시간), 노동력의 하루 가치는 3만 원(6시간)이었습니다. 방적공은 12시간 일했기 때문에, 임금에 해당하는 노동력의 가치 3만 원(6시간)을 재생산했고 잉여가치도 3만 원(6시간) 생산했습니다[엄밀히 하자면 가격과 가치를 동일하게 놓을 수 없습니다만 여기서는 편의상 둘을 동일한 것으로 상정했습니다.[김, 292, 각주 9; 강, 316, 각주 31a] 가치와 가격의 불일치 문제를 나는 우리 시리즈의 3권에서 이미 언급한 바 있으며(『화폐라는 짐승』, 94~100쪽), 『자본』 III권은 이 문제를 보다 자세히 다룹니다].

이제 불변자본, 가변자본, 잉여가치 순으로 정리해볼까요. 불변자본(c)은 면화와 방추의 가치를 합해 24만 원(48시간)이고요, 가변자본(v)은 노동력의 가치인 3만 원(6시간)이며, 잉여가치(m)도 3만 원(6시간)입니다. 그럼 생산물인 면사의 가치는 얼마인가요? 면사의 가치(c+v+m)= '24만 원(48시간)+3만 원(6시간)+3만 원(6시간)', 즉 '30만 원(60시간)'입니다. 이 가운데 이번 생산과정에서 생산된 가치만 따지면, 생산수단인 불변자본의 가치를 제외해야 하므로 '노동력의 가치(v)+잉여가치(m)=6만 원(12시간)'입니다. 방적공이 생산한 면사 20킬로그램에는 분명 '30만 원'의 가격표가 붙어 있지만, 그가 12시간 동안 '30만 원', 즉 60시간의 가치를 모두 생산한 것은 아닙니다. 12시간 동안 60시간의 가치를 생산한다는 것은 말이 안 되지요. 12시간 동안 생산한 것은 당연히 12시간(6만 원)의 가치입니다.

따라서 우리는 '생산물의 가치'(Produktenwert)와 '가치생산물'(Wertprodukt)을 구분해야 합니다.[김, 284; 강, 308] '생산물의 가치'(c+v+m)에는 과거에 생산된 가치가 포함되어 있습니다. 현재의 생산과정에서 산출된 '가치생산물'(v+m)과 다르죠. 가치생산물은 생산수단의 가치를 '0'으로 잡을 때의 가치라고 할 수 있습니다. 현재의 생산과정에서 실제로 추가된 가치만 계산한 겁니다. 생산물의 가치와 가치생산물을 혼동하지 않도록 주의하세요. 조금 뒤 우리는 생산물의 가치와 가치생산물을 혼동해 엉뚱한 주장을 펴는 저명한 교수 한 사람을 만날 겁니다.

○ 이윤율과 잉여가치율

생산물인 면사에 30만 원이라는 가격표가 붙어 있는데 실제로는 6만 원의 가치만 생산한 것이라는 말이 이상하게 들릴지도 모르겠습니다. 우리의 자본가는 생산수단을 구매하면서 24만 원을 사용했는데, 가치생산과 관련해서는 그것을 '0'원으로 계산해야 한다고 하니 꽤나 억울할 수도 있겠습니다.

하지만 마르크스가 말한 '가치생산물'은 오늘날에도 경제 분석의 기본 지표입니다. 통상 '부가가치'라고 부르는 것이죠. 부가가치란 생산 분기별로 기업의 생산액에서 원료, 보조자재, 부품 등 마르크스가 생산수단이라고 부른 것의 가치(가격)를 제외한 것입니다. 원료나 부품 등은 그 기업의 생산물이 아니라 그것을 납품한 다른 기업의 생산물이니까요. 이 부가가치를 국가 수준에서 집계하면 그 분기에 국민이 생산한 가치의 총액인 '국민소득'(생산국민소득)이 됩니다.

그런데 우리의 자본가에게는 '노동력의 가치'(임금)와 '잉여가치'(이윤)로만 이루어진 가치생산물이 눈에 들어오지 않을 겁니다. 그는 자신이 노동력에 3만 원을 썼는데 그것이 6만 원이 됐다고 생각하지 않습니다. 내가 전체 27만 원을 투자했는데 3만 원 벌었다. 이렇게 생각하지요. 27만 원이 3만 원을 낳은 것처럼 말이죠. 그리고 다른 어떤 자본가가 자신과 똑같이 27만 원을 썼는데 9만 원을 벌었다고 하면 업종 변경을 심각하게 고민할 겁니다.

요컨대 자본가에게 중요한 것은 '쏟아 부은 돈'(투자액) 대비 '챙긴 돈'(이윤)입니다. 이 비율이 자본의 이동을 분석할 때는 중요합니다. 마르크스는 이것을 이윤율(p)이라고 부르는데요. 이에 대해서는 『자본』 III권이 본격적으로 다룹니다. 하지만 방금 말한 것만 가지고도 우리는 이윤율의 공식을 쉽게 만들 수 있습니다. 자본가가 투자한 가치(c+v)와 잉여가치(m)를 모두 알고 있으니까요. 이윤율을 구하는 공식은 아래와 같습니다.

$$p = \frac{m}{c+v} \ (p: \text{이윤율}, \ c: \text{불변자본}, \ v: \text{가변자본}, \ m: \text{잉여가치})$$

하지만 우리는 과거의 생산과정이 아니라 현재의 생산과정에서 잉여가치가 얼마나 생겼는지 조사해야 하므로, 과거에 생산되고 현재에 재현될 뿐인 가치는 계산에서 제외합니다. 우리가 현재의 생산과정에서 산출된 가치만 고려한다 해도 자본가로서는 걱정할 게 없습니다. 그가 생산수단 구입에 지불한 돈은 우리의 계산에서만 사라지는 것이고 실제로는 다 보상되니까요. 소비자들은 면사 20킬로그램에 30만 원을 지불함으로써, 그의 노동자들이 새로 생산해낸 가치생산물 6만 원은 물론이고, 그가 생산수단을 구매할 때 다른 자본가에게 지불했던 가치 24만 원도 보상해줍니다.

생산물의 가치에서 생산수단의 가치를 제외하면 남는 것은 가치생산물 즉 노동력(가변자본)의 가치(v)와 잉여가치(m)뿐입니다. 노동을 시작하고 어느 시점에 이르면 노동자는 자신이 지급받은 가치를 모두 재생산합니다. 앞서 방적공의 예를 들면 처음 6시간 동안 그는 자신의 하루 노동력만큼의 가치(하루 동안 자신에게 필요한 생활수단의 가치)를 다 생산해냅니다. 임금을 미리 받았다고 전제하면 그 가치를 '재생산'했다고 할 수 있는 겁니다. 자본가가 열망하는 잉여가치는 그다음에 나옵니다. 노동력의 가치 이상으로 노동을 연장했을 때의 결과물인 것이죠.

또다시 강조하고 싶은데요. 노동력의 가치 이상으로 노동이 연장되었다는 것은 결코 노동력의 가치를 제대로 지불하지 않았다는 말이 아닙니다. 노동력의 '하루 사용권'의 가치, 즉 노동자를 12시간 노동하게 할 수 있는 권리의 가치가 3만 원(노동시간으로 환산하면 6시간)인 겁니다. 그런데 자본가가 반일, 즉 6시간만 일을 시키면 노동력의 가치는 재생산되지만 잉여가치가 생기지 않습니다. 자본가로서는 하루 사용권을 얻었는데 반일만 사용할 필요가 없겠지요. 그는 노동력의 가치가 재생산되는 지점을 넘어서서 일을 시킬 수 있습니다(이것은 정당한 사용입니다). 이 결과물이 잉여가치입니다. 그래서 우리는 잉여가치를 시리즈의 이전 책에서 잉여노동이라고도 불렀지요(『성부와 성자』, 120쪽).

잉여가치가 노동력의 가치 이상으로 연장된 노동이라면, 우리는 가치생산물 'v+m'을 'v+Δv'로 표기해도 좋을 겁니다.[김, 284; 강, 308] '노동력의 가치'(v) 이상의 가치(Δv)가 생산되었다는 뜻이니까요. 그런데 가치생산물을 'v+Δv'라고 표기하면 '가변자본의 증식'이 선명하게 나타납니다. 마치 자본의 정식을 'G′=G+ΔG'로 썼을 때 자본의 증식과 잉여가치의 존재가 선명하게 드러났던 것처럼 말이죠. 우리는 가변자본의 가치증식 비율도 쉽게 구할 수 있습니다. 가변자본과 그 증식분의 비율을 구하면 되니까요. 'Δv/v'라고 쓰면 되겠지요. '가변자본의 증식분'인 'Δv'는 '잉여가치'(m)에 다름 아니므로 우리는 해당 값을 'm/v'라고 써도 됩니다. 바로 이 '가변자본의 가치증식 비율'을 마르크스는 '잉여가치율'(Rate des Mehrwerts)이라 부릅니다.[김, 286~287; 강, 311]

$$r = \frac{m}{v} \, (r:\, \text{잉여가치율},\, v:\, \text{가변자본},\, m:\, \text{잉여가치})$$

이렇게 공식으로 써놓으니 수학책처럼 어렵게 느껴질지도 모르겠습니다만 실상은 간단한 것입니다. 잉여가치율이란 노동력의 가치와 잉여가치의 비율인데요. 조금 더 풀어서 말하면, 전체 가치생산물 중에서 자본가가 노동자에게 지불한 가치와 자신이 챙겨간 가치의 비율입니다.

◦ 개념의 탄생은 눈의 탄생이다

이로써 우리는 '잉여가치율'이라는 마르크스의 또 다른 개념을 만났습니다. 앞서 '불변자본'과 '가변자본'을 만났고, 더 거슬러 올라가면 '잉여가치' 개념도 있었지요. 앞으로도 우리는 마르크스의 개념들을 더 만나게 될 겁니다. 모두가 마르크스만의 독특한 개념들입니다. '개념'(Begriff)이라는 말에는 '붙잡는다'(begreifen)라는 뜻이 들어 있는데요(우리말에는 '파악한다'라는 말에 붙잡는다는 뜻이 있지요). 마르크스는 이 개념들을 통해 우리에게 일어난 현상들, 우리가 경험하는 세상을 붙잡습니다.

개념은 우리의 지성이 세상을 붙잡는 도구, 세상을 파악하는 도구입니다. 비유컨대 '개념'은 사물과 우리 사이에 놓인 지적 렌즈라고도 할 수 있습니다. 니체는 대학의 학자들을 가리켜 "사물을 맨 처음 본 사람들이 아니"라고 비판한 적이 있는데요.[26] 렌즈가 자기 것이 아니기 때문입니다. 그들은 남의 눈으로 보기 때문에 이미 남이 본 것을 보는 사람들입니다. '자신과 사물 사이에' 기존의 개념, 기존의 렌즈를 놓아둔 사람들이죠. 반대로 철학자는 개념을 만들어내는 사람입니다. 사물을 바라보는 자신만의 렌즈를 만들어내는 것이지요. 그 렌즈로 남들이 보지 못한 것을 본 사람, 즉 '사물을 맨 처음 본 사람'입니다.

　개념을 지성의 렌즈에 비유했는데요. 우리는 우리가 역사적으로 만들어낸 렌즈 혹은 우리에게 역사적으로 주어진 렌즈를 통해 세상을 바라보고 그렇게 보이는 세상을 살아갑니다. 세상의 어떤 일들은 커 보이고 어떤 일들은 작아 보이죠. 그러나 잊지 말아야 합니다. 일의 크기는 렌즈를 투과한 뒤에 나타난 것임을. 우리가 기뻐하고 슬퍼하고 안타까워하는 일들이 모두 그렇습니다. 이를테면 우리는 민주주의를 지향합니다. 그러나 그것을 지향하기 전에 그것은 우리가 역사적으로 형성한 혹은 우리에게 역사적으로 주어진 개념입니다. 우리는 이 개념에 따라 사회를 바라보고, 사회에 분노하고, 사회를 바꾸려고 합니다. 어떤 개념을 형성하느냐에 따라 우리가 사는 세상이 달라 보입니다. 마르크스의 개념도 마찬가지입니다. 그의 개념을 통해 우리에게 나타난 세상은 더는 예전의 세상이 아닙니다.

　개념이란 이런 것입니다. 개념의 탄생은 세상을 바라보는 눈의 탄생과 같습니다. 세상에 대한 새로운 목격이 이루어지는 것입니다. 나는 마르크스와 더불어 새로운 눈 하나가 세상에 태어났다고 말하고 싶습니다. 그리고 그 눈을 통해 우리 앞에 나타난 세상, 그 눈과 더불어 우리가 알게 된 세상은 그 이전의 세상과 너무나 다릅니다.

◦ 필요노동과 잉여노동

개념의 중요성을 강조하다 보니 본의 아니게 이야기의 맥락을 끊고 말았네요. 다시 잉여가치율로부터 이야기를 이어가겠습니다. 잉여가치율이란 노동력의 가치와 잉여가치의 비율인데요. 노동시간(노동일)을 둘로 나눈 겁니다. 하나는 노동력의 가치를 재생산하는 시간, 다른 하나는 잉여가치를 생산하는 시간이죠. 마르크스는 전자를 '필요노동시간', 후자를 '잉여노동시간'이라고 부릅니다. 각각의 시간에 지출된 노동을 '필요노동'(notwendige Arbeit)과 '잉여노동'(Mehrarbeit)이라 부르고요.[김, 288; 강, 312] 그럼 우리는 잉여가치율을 필요노동과 잉여노동의 비율로 나타낼 수도 있겠죠. 잉여가치율(m/v)=잉여노동/필요노동.

여기서 주의할 게 있습니다. 『자본』 제1장에서 상품의 가치를 규정할 때도 마르크스는 '필요노동'이라는 말을 쓴 적이 있거든요. 한 상품의 가치는 그 "상품을 생산하는 데 사회적으로 필요한 노동"이라고 했습니다. 그런데 여기서는 조금 다른 의미로 이 말을 씁니다. 상품의 가치를 구성하는 요소 중 노동력의 가치에 한정해 이 말을 쓴 것입니다. 생산물로서 상품의 가치에는 불변자본(생산수단)의 가치와 가변자본

(노동력)의 가치, 잉여가치가 포함되는데요. 이 중 가변자본인 노동력의 가치를 '필요노동'이라고 부른다는 겁니다. 하지만 『자본』 제1장에서 말한 상품의 가치로서 '사회적 필요노동' 은 이들 가치 구성요소 전부를 합한 것에 해당합니다.

마르크스도 이 점을 우려해 주석을 달아두었습니다. "똑 같은 용어를 서로 다른 의미로 사용하는 것은 적절하지 않지 만 어떤 과학에서도 완전히 피할 수 있는 문제는 아니다"라고 요.[김, 288, 각주 5; 강, 312, 각주 29] 앞으로 '필요노동'이라는 용어가 자주 등장할 텐데요. 이제부터는 잉여노동과 대비되 는 뜻으로, 즉 노동력이라는 특별한 상품의 가치를 가리키는 것으로 받아들이면 됩니다.

그건 그렇고, 마르크스는 왜 하필 '필요'라는 말을 써서 우리를 혼란스럽게 만든 걸까요. 마르크스는 그 이유를 따로 밝혔습니다.[김, 288; 강, 312] 그는 이 말이 노동자에게 갖는 의미와 자본가에게 갖는 의미가 다르다고 했습니다. 먼저 노 동자에게 '필요'라는 말이 갖는 의미는 이렇습니다. 노동자의 하루 노동시간, 즉 노동일 전체는 필요노동과 잉여노동으로 이루어져 있는데요. 이때 필요노동에 해당하는 부분은 역사 적 사회형태와 상관없이 인간에게 언제나 '필요한' 부분입니 다. 어느 시대든 인간은 자신의 생명과 삶을 재생산하기 위해 노동을 해왔으며, 노동자에게 '필요'라는 말이 갖는 의미가 그것입니다. 반면 '필요노동' 부분이 자본가에게 '필요한' 이 유는 자본주의라는 독특한 사회형태와 관련이 있습니다. 자본이 가능하려면 노동자의 존속이 '필요'합니다. 노동력이 재생산되지 않으면 잉여가치는 불가능하니까요. 따라서 자본이 가능하기 위한 토대로서 그것은 필수죠. 요컨대 '필요노동'은 노동자에게도 필요하고 자본가에게도 필요한 노동입니다. 그 이유는 완전히 다르지만요.

필요노동의 지점을 넘어선 후의 노동을 잉여노동이라고 했는데요. 노동자의 노동은 달라질 게 없습니다. 노동력을 계속 지출하지요. 하지만 이에 대해서는 지불받지 않습니다. 한마디로 자본가만을 위한 생산기간이죠. 자본가에게는 이 점이 눈에 들어오지 않습니다. 그는 노동력의 '하루 사용권'을 구매했고 하루 노동을 시켰으니 노동자에게 줄 것은 주고 받을 것은 받았다고 생각하겠죠. 그런데 생산과정이 끝나면 잉여가치가 생깁니다. 모든 상품의 가치를 다 지불했는데도 생긴 이득이죠. 그는 잉여가치의 정체가 잉여노동이라고 생각하지 않을 겁니다. 모든 지불이 끝났기 때문에 마치 무에서 세상을 창조한 신처럼 자본이 어떤 창조력을 발휘했다고 생각하겠지요.

◦ 무로부터는 아무것도 생겨나지 않는다

마르크스는 잉여가치가 "무로부터의 창조라는 매력을 발산하면서 자본가에게 미소를 보"낸다고 했습니다.[김, 288; 강, 312] 여기서 '무로부터의 창조'라는 표현은 의미심장합니다. 곧이어 설명하겠습니다만, 마르크스는 이 표현을 의식적으로 사용했습니다. 그는 이 단락에서 잉여가치가 '무'가 아니라 '유'에서 나왔다는 것, 다시 말해 그것을 낳아준 몸이 있다는 점을 강조하고 있습니다.

　이 대목에서 나는 『자본』을 쓰기 20년 전의 마르크스를 보는 듯합니다. 젊은 시절 박사학위 논문에서 그가 제시했던 철학사의 대립 구도를 경제학 판본으로 다시 본다고 할까요. 철학사의 대립 구도라고 했지만 철학의 두 계보라고 불러도 좋겠습니다. 바로 초월적 신학과 내재적 철학, 이렇게 말해도 좋다면, 초월적 관념론과 내재적 유물론의 대립입니다. 이 둘은 다양한 가면을 쓰고 여러 시대에 나타납니다[마르크스는 이를 개별적 대립이 아니라 '종'(espèce) 간의 대립이라고 했습니다].[27] 로마 시대를 보면 에피쿠로스를 비판했던 플루타르코스(Plutarch)가 전자를 대변하고, 에피쿠로스를 지지했던 루크레티우스(Lucretius)가 후자를 대변합니다. 전자는 천상의(초월적) 존재에 의거한 도덕과 규범을 강조했고 후자는 대지의 존재에 내재한 자유와 능력을 강조했지요.[28]

　마르크스는 '무로부터의 창조'라는 표현을 쓴 단락에 주석을 달았습니다.[김, 288, 각주 6; 강, 312, 각주 30] 이 주석에서 그는 독일의 정치경제학자 빌헬름 로셔(W. Roscher)를 강하게 비판했는데요. 로셔는 『국민경제학 기초』*Die Grundlagen der Nationalökonomie*에서 잉여가치를 자본가의 '절약'에 대한 대가라고 주장했습니다.

　그런데 자본가의 '절약'이란 무엇일까요. 일상의 소비를 줄인 것이라면 그의 재산이 덜 줄기는 하겠습니다만 상품의 생산과정에서 생겨난 잉여가치와는 무관합니다. 만약 생산에 대한 투자를 줄인 것이라면 잉여가치는 물론 가치생산물 자체가 줄겠지요(혹시 생산수단이나 노동력에 제값을 지불하지 않는 강도짓을 절약이라고 부른다면 우리는 학문적으로 검토할 필요가 아예 없습니다).

흥미로운 사실은 로셔가 우리가 곧이어 다룰 영국의 정치경제학자 나소 시니어(N. Senior)의 책 『정치경제학 개론』 *Outlines of Political Economy*을 번역한 사람이라는 점입니다. 그런데 시니어 또한 자본가의 '절욕'을 강조했던 사람입니다. 그는 '이윤'은 자본가의 감독 노동에서 생겨나고 '이자'는 자본가의 절욕에서 생겨난다고 주장했는데요. 돈을 다른 곳에 써버리지 않고 자신의 욕망을 억제해 생산에 투자한 대가라는 거죠. 마르크스는 로셔가 생소한 단어였던 시니어의 '절욕'(abstinence)을 'Enthaltung'(절욕, 절제)으로 옮긴 것은 잘한 번역이라고 했습니다. 다른 사람들은 해당 단어를 주로 'Entsagung'(금욕)으로 옮겼는데요. 후자는 성직자들의 단어였죠.[김, 304, 각주 12; 강, 326, 각주 33]

마르크스는 로셔가 성직자 냄새가 나지 않게 시니어의 말을 제대로 옮겼다고 했지만, 그럼에도 로셔와 시니어의 절욕설에는 초월적 신학의 냄새가 납니다. 성직자적 금욕과는 거리를 두려 했지만 여전히 '무로부터의 창조'를 믿기 때문입니다. 절약, 절욕, 절제…… 뭐라고 불러도 좋습니다. 여기에는 적극적인 것이 없습니다. 쓴 것 없음, 욕망 없음, 행동 없음에서 가치가 생겨나는 것처럼 말하고 있습니다. 마르크스는 로셔가 『국민경제학 기초』 서문에서 스스로를 "경제학의 투키디데스"로 칭한 것을 조롱하며 "빌헬름 투키디데스 로셔"라고 조롱했는데요. 좀 전에 말한 철학의 계보에 빗대 말하면, 내 생각에 그의 절욕설은 플루타르코스를 떠올리게 합니다.

마르크스는 로셔와 시니어에 대한 주석 앞에 루크레티우스에 대한 주석을 달았습니다. 사실 이 주석은 『자본』 초판에는 없었습니다. 제2판을 출간하며 넣은 건데요. 마르크스가 주석을 단 곳은 가치의 창출과 변동에 대해 말한 부분입니다. 그는 가치의 창출은 오로지 가변자본, 즉 노동력으로 전환된 부분과 관계하며 불변자본은 전혀 영향을 미치지 못한다고 주장하고 이런 주석을 달았습니다. "루크레티우스가 말했듯이 '무로부터는 아무것도 창조되지 않는다'(nil posse creari de nihilo)라는 것은 자명하다. 무에서는 아무것도 생겨나지 않는다. '가치의 창출'은 노동력이 노동으로 전화된 것이다. 그리고 노동력은 자연 소재(Naturstoff)가 무엇보다도 인간유기체로 전화된 것이다."[김, 286, 각주 2; 강, 310, 각주 27]

무로부터는 아무것도 생겨나지 않는다. 이는 만물의 생성에 대한 루크레티우스(그리고 더 거슬러 가면 에피쿠로스)의 생각을 압축해 표현한 문장입니다. 『사물의 본성에 관하여』에서 루크레티우스는 이렇게 말합니다. "우리는 다음과 같은 그것[자연]의 첫 원리에서 시작해야 한다. 즉 그 어떤 것도 신들의 뜻에 의해 무로부터 생겨나진 않았다는 것이다."²⁹ 그러면서 "어떤 것도 무로부터 생겨날 수 없다는 것을 알게 되면", 자연에서 일어나는 일을 더 잘 알게 될 것이고, 그 일들이 신들의 노고를 필요로 하지 않는다는 것을 알 것이라고 했습니다.³⁰ 신들을 세상일의 노고에서 해방해주면서 실상은 세상일에서 몰아낸 것이죠.

자연은 자연에서 생겨납니다. 그러나 모든 것이 모든 것을 낳지는 않습니다. 자연의 능력은 개개의 사물에 다르게 나뉘어 들어갔습니다. 달리 말하면 개개의 사물한테는 "달리 나뉜 능력"이 들어 있습니다. 그 능력에 따라 이런저런 사물들이 생겨납니다. 사물들에는 그것을 낳은 어머니가 있습니다. 새가 하늘에서 갑자기 튀어나왔다는 식으로 말하면 안 됩니다. 자연에는 "각각의 것을 낳아준 몸", "사물들의 어머니"가 있습니다.³¹

잉여가치는 어디서 왔을까요. "태초에 빛이 있으라" 하는 식으로 잉여가치가 생겨난 게 아닙니다. 마르크스는 잉여가치의 발생을 신비화하면 안 된다고 말합니다. 가치가 노동력에서 온 것이라면, 다시 말해 가치를 '노동시간의 응고', '대상화된 노동'이라고 불렀다면, 잉여가치도 가치인 한에서 그렇게 불러야 합니다. 노동시간의 응고, 대상화된 노동이라고요. 말하자면 잉여가치란 "단지 잉여노동시간의 응고이고 대상화된 잉여노동일 뿐"이라고요. 마르크스는 이것이 "결정적으로 중요"(entscheidend)하다고 했습니다.[김, 288; 강, 312]

가치는 '없음'에서 나온 게 아니라 '있음'에서 나옵니다. 생산물에 가치가 더해졌다면 정말로 무언가가 더해진 겁니다. 노동을 가치의 척도라고 주장했던 스미스는 노동을 '노고'(toil)와 '수고'(trouble)라는 말로 표현했는데요.[32] 마르크스는 그런 부정적 어휘조차 피하고 싶어합니다. 마르크스는 실제로 『정치경제학 비판 요강』에서 스미스의 가치 개념과 시니어의 절욕설이 통한다고 주장했는데요. 노동자의 노동이란 일종의 희생이기 때문에 가치를 정립한다고 보는 스미스와, "생산물을 직접 먹어치우지 않고…… 절제라는 희생을 바치는 것이기 때문에" 자본가의 절욕이 가치의 원천이라고 생각하는 시니어는 그리 멀리 떨어져 있지 않다는 거죠. 그러면서 마르크스는 말합니다. "단순히 부정적인 것은 아무것도 창출하지 않는다."[33]

그러니까 '없음'(무)도, '아님'(부정)도 가치를 창출하지 않습니다. 마르크스는 가치란 정말로 어떤 적극적인 것이 사용되고 투여됨으로써 생겨난다고 말합니다. 사람들에게 소중한 어떤 것이 정말로 들어가는 거죠. 말하자면 가치란 노동자에게 내재한 '능력'이 적극적으로 발휘되는 것이고, 더 나아가 노동자의 소중한 '생명'이 들어가는 것입니다.

우리는 마르크스가 로셔와 시니어에 대해 왜 그렇게 분노하는지 이해할 수 있습니다. 노동자가 생명을 소진하면서 창출한 잉여가치에 대해 (설령 법적으로 정당한 노동력의 사용이었다 할지라도) 그들은 그것이 '무에서 창조된 것'처럼, 마치 자본가의 절욕, 자본가의 고상한 의지에서 생겨난 것처럼 말했으니까요.

　마르크스는 잉여가치에 대해 '단지 ……뿐이다'(bloß)라는 문구를 반복했는데요. 이는 "세상은 원자와 허공뿐"이라고 했던 에피쿠로스와 루크레티우스를 떠올리게 합니다. 에피쿠로스와 루크레티우스는 자연현상을 신의 의지로 해석하는 사람들과 싸웠습니다. 이들에 따르면 영원히 지복을 누리는 존재인 신은 생성과 소멸을 반복하는 원자들의 세계에 있을 수 없습니다. 신은 세상 바깥에서 지복을 누립니다. 언뜻 보면 신의 지복과 불멸을 찬미한 것 같지만 실상은 신을 이 세상에서 추방한 것이죠.[34] 자연현상을 신의 의지가 아니라 자연법칙에 따라 이해한 겁니다. 마르크스도 그렇습니다. 그는 자본가의 의지, 즉 자본을 낭비하지 않고 투자한 그 의지를 가치창출의 원인으로 간주하는 정치경제학자들에 맞서 단호하고 간명하게 말했습니다. 무에서는 아무것도 생겨나지 않는다. 가치는 노동이 대상화된 것일 뿐이고, 잉여가치는 잉여노동이 대상화된 것일 뿐이다.

　　　　◦ 야곱과 이스라엘처럼

잉여가치율은 '노동력의 가치와 잉여가치의 비율'(m/v)인데요, '가변자본의 가치증식률'(Δv/v)이라 부를 수도 있고, '필요노동과 잉여노동의 비율'이라고 불러도 좋습니다. 나중에 제5편을 다룰 때 보겠지만, '지불노동과 불불노동의 비율'이라고도 부를 수 있습니다. 필요노동은 자본가가 임금으로 지불하는 부분이고 잉여노동은 별도로 지불하지 않는 부분이니까요. 노동자에게 얼마를 지급하고 얼마를 더 뽑아냈느냐를 나타냅니다.

이런 이유로 마르크스는 잉여가치율을 "자본에 의한 노동력 착취도(Exploitationsgrad) 혹은 자본가에 의한 노동자 착취도의 정확한 표현"이라고 했습니다.[김, 289; 강, 313] 물론 착취의 정도를 정확히 표현한다고 해서 착취의 절대적 크기까지 정확히 표현하는 것은 아닙니다. 마르크스가 주석에서 말한 것처럼, 하루 10시간 노동 중 5시간이 필요노동이고 5시간이 잉여노동인 경우와 하루 12시간 노동 중 6시간이 필요노동이고 6시간이 잉여노동인 경우를 비교하면, 잉여가치율은 똑같이 100퍼센트이지만 착취의 크기는 5시간에서 6시간으로 20퍼센트 증가하니까요.[김, 289, 각주 7; 강, 313, 각주 30a]

그런데 '잉여가치율'을 '착취도'라고 부르면 어감이 완전히 달라집니다. 야곱과 이스라엘처럼 동일한 존재를 다른 이름으로 부르는 것뿐인데도 말이죠. '잉여가치율 100퍼센트'를 '착취도 100퍼센트'라고 불러보세요. 숫자일 뿐인데도 전혀 다른 감정을 불러일으킵니다. 자본가에게는 가변자본으로 투자한 돈이 얼마나 늘었는가의 문제가 노동자에게는 임금으로 받은 것 이외에 얼마나 더 '빨렸는가'의 문제가 됩니다. 잉여가치율이 금빛이라면 착취도는 핏빛이죠. 이런 게 바로 당파성입니다(『다시 자본을 읽자』, 105~107쪽). 숫자와 사실이 바뀌지는 않습니다. 하지만 색채는 완전히 달라집니다.

　『자본』제7장(영어판은 제9장)에서 이처럼 당파성이 부각되는 이유는 무엇일까요. 이어질 다음 장을 예비하는 겁니다. 미리 귀띔하자면 이 시리즈의 6권에서 우리는 노동일(하루 노동시간)의 길이를 둘러싼 자본가와 노동자의 첨예한 갈등을 목격할 겁니다. 우리는 논리로 이들의 갈등을 해결할 수 없음을 볼 겁니다. 논리 이전의 영역, 바로 입장의 영역, 당파성의 영역이 드러나기 때문이죠. 이에 대해서는 다음 책에서 자세히 살피기로 하고 여기서는 넘어가겠습니다.

○ 연습 문제를 풀어보자!

그럼 이제 잉여가치율을 계산해볼까요. 앞서의 예를 계속 활용해보죠. 면화 20킬로그램 20만 원(40시간), 방추 ½개 4만 원(8시간), 노동력 가치 3만 원(6시간), 잉여가치 3만 원(6시간). 잉여가치율이 얼마인가요. 이 계산에서 필요 없는 숫자들이 있지요. 불변자본인 면화와 방추의 가치입니다. 가치생산물은 가변자본(노동력)의 가치와 잉여가치뿐이니까요. 거듭 말하지만 12시간 노동을 했으니 12시간 가치(노동력의 가치 6시간, 잉여가치 6시간)가 생기는 게 당연합니다. 잉여가치율은 '잉여가치/노동력 가치'이므로, '3만 원(6시간)/3만 원(6시간)', 즉 100퍼센트입니다.

　우리의 자본가는 물론 잉여가치율보다는 이윤율에 신경

씁니다. 투자액 대비 수익이 그의 관심사죠. 그럼 이윤율도 계산해볼까요. 이윤율 계산에서는 불변자본의 가치도 포함됩니다. 자본가가 투자한 자본 총액은 '불변자본＋가변자본'입니다. 면화와 방추, 노동력의 가치를 모두 더해서 구합니다. '27만 원(54시간)'이죠. 잉여가치는 '3만 원(6시간)'이고요. 그럼 이윤율은 얼마인가요? '3만 원/27만 원', 즉 11퍼센트 남짓입니다. 자본가는 27만 원 투자해 3만 원 벌었다고, 이윤율이 11퍼센트밖에 안 된다고 말할지도 모르겠습니다. 하지만 잉여가치율, 그러니까 착취도로 보면 이윤율의 9배가 넘는 100퍼센트입니다. 우리의 방적공은 자신이 생산한 가치의 절반만 가져가고 나머지 절반은 자본가에게 넘긴 것이죠. 게다가 여기에는 무상의 선물이 고려되지 않았습니다. 면화와 방추를 되살려내 이들의 가치 24만 원을 면사에 그대로 이전해준 것 말입니다.

　계산이 어렵지는 않았을 겁니다. 사실 『자본』에 나온 계산들은 정말로 간단합니다. 원리를 이해하는 데 복잡한 수식이 필요한 건 아니니까요. 아마 독자에 대한 고려도 있었을 겁니다. 마르크스는 노동자들이 이 책을 읽기를 바랐고 또 그래야 한다고 생각했습니다. 그래서 계산 방법을 최대한 명료하고 쉽게 설명하려고 노력했습니다. 계산 방법을 단계별로 친절하게 다시 요약해주기도 했고요.[김, 290; 강, 314] 그러면서 계산에 대한 두려움을 가지고 있을지 모를 독자들을 달래면서 연습 문제를 풀어보게도 합니다. "방법은 이처럼 단순하

161

지만, 이 방법의 근간을 이루는 낯선 관찰 방식에 익숙해지려면 독자들은 몇 개의 예를 통해 연습을 하는 것이 좋을 것이다."[김, 290; 강, 314]

그러면서 이번에는 실제 사례를 가지고 잉여가치를 계산해보게 합니다. 일종의 실전 문제 풀이라고 할 수 있습니다. 1860년 맨체스터의 한 면사 공장의 자료인데요.[김, 290~291; 강, 314~315] 우리도 한번 풀어볼까요. 이 공장은 미국에서 면화를 수입해 면사(Nr. 32)를 생산하는데요, 방추 1만 개의 뮬방적기를 사용합니다. 매주 1방추당 1파운드(중량)의 실을 생산하고 생산과정에서 불가피하게 6퍼센트의 낙면이 발생합니다. 정리하면, 1만 개의 방추를 이용해 1만 600파운드의 면화로 1만 파운드의 실을 생산하고 600파운드의 낙면이 발생하는 겁니다. 1만 600파운드 면화의 가격은 1871년 기준으로 약 £342(£는 통화 단위인 파운드스털링)이고, 방추 1만 개의 가격은 증기기관 등의 설비까지 모두 포함해 £1만(1개당 £1)입니다. 1년간 방추 마모율은 10퍼센트. 1년에 1000개쯤 소진되는 것이니 주당 20개쯤으로 하면 되겠습니다(£20). 공장 건물 임차료가 주당 £6 나가고요. 증기기관과 난방에 소요되는 석탄은 매주 60시간 작업 기준으로 11톤이 소모되고 비용으로는 £4.5입니다. 또 가스 값과 기름 값이 주당 각각 £1, £4.5 소모됩니다. 임금은 주당 £52이 지출되고요, 생산물인 실의 가격은 전체 1만 파운드가 £510입니다.

자, 계산해볼까요? 실제 자료여서 항목이 좀 복잡해 보입니다. 전에는 노동수단으로 방추 하나만 생각했는데 이제 건물 임차료나 석탄, 가치, 기름 값 같은 것도 있네요. 하지만 사실 복잡할 게 없습니다. 우리에게 필요한 값은 세 항목뿐이 니까요(사실 잉여가치율 계산에는 두 항목이면 되죠). 불변자본, 가변자본, 잉여가치. 이 세 항목만 구하면 됩니다.

그럼, 각 항목에 맞게 자료를 분류해볼까요(참고로 1주 기준입니다). 먼저 불변자본 즉 생산수단에 해당하는 것을 모아 보겠습니다. 면화(1만 600파운드) £342, 방추(20개) £20, 건물 임차료 £6, 석탄(11톤) £4.5, 가스 £1, 기름 £4.5. 이것들을 모두 합하면 불변자본은 £378입니다. 다음으로 가변자본 즉 노동력의 가치는 주당 £52이라고 했지요.

마지막으로 잉여가치가 남았는데요. 이것은 계산을 해야 합니다. 잉여가치(m)는 생산물의 가치($c+v+m$)에서 자본가가 투하한 자본($c+v$), 즉 생산수단과 노동력의 구매에 들어간 돈을 빼면 됩니다. 생산물인 면사(1만 파운드)의 가치가 £510이라고 했고, 생산수단이 £378, 노동력이 £52이라고 했습니다. 그럼 잉여가치는 £510－(£378＋£52)＝£80입니다.

이제 답을 말할 차례입니다. 잉여가치율은 가치생산물만을 기준으로 하므로 생산수단의 가치는 필요 없습니다. 잉여가치율은 '잉여가치(m)/가변자본(v)'이죠. 계산하면 $80/52$, 즉 $153\frac{11}{13}$퍼센트입니다. 처음에는 복잡해 보이지만 자료를 항목대로 분류하면 간단합니다. 분류 자체도 어렵지 않습니다. 생산에 투입된 요소들 중 노동력만 제외하면 모두 생산수단이 되니까요. 내친김에 우리 자본가의 관심사인 이윤율도 계산해볼까요. 이윤율은 '잉여가치(m)/투하자본($c+v$)'이므로 80/(378+52), 즉 18^{26}⁄$_{43}$퍼센트입니다. 이윤율이 18퍼센트를 넘었으니까 사업이 나쁘지는 않았던 것 같습니다.

◦ 맨체스터의 어느 공장주

그건 그렇고 마르크스는 영업비밀일 수도 있는 이 자료를 대체 어디서 구했을까요. 마르크스는 『자본』 제2판에서 해당 내용 아래 이런 주석을 달았습니다. "본문에 든 수치는 매우 정확한 것으로 맨체스터의 한 공장주가 나에게 제공한 것이다." [김, 291, 각주 8; 강, 315, 각주 31] 도대체 이 맨체스터의 공장주가 누굴까요. 마르크스와 어떤 관계가 있기에 생산원가 자료를 넘겨주었을까요. 아마도 에르멘 앤 엥겔스(Ermen & Engels) 사에서 일하고 있던 마르크스의 평생의 친구이자 동지인 엥겔스일 겁니다. 에르멘 앤 엥겔스 사는 엥겔스의 아버지가 피터 에르멘(Peter A. Ermen)과 합작해 세운 회사입니다. 1860년에 엥겔스는 여기서 일하고 있었지요.

　만약 이 자료가 엥겔스가 넘겨준 게 맞는다면 이 공장에서도 잉여가치율, 그러니까 노동자에 대한 착취도가 상당했던 셈입니다. 153퍼센트가 넘었으니까요. 물론 이 회사가 항상 잘나갔던 건 아니고, 1862년에는 미국 남북전쟁 여파로 면화 원가가 다섯 배나 오르면서, 엥겔스 스스로의 표현에 따르면 '무일푼'이 되기도 했습니다.[35] 사실 엥겔스는 아버지로부터 사업을 이어받고 싶은 생각이 없었습니다. 언제나 일을 그만두고 싶어했죠. 그가 그 일을 정말로 그만둔 것은 마르크스의 『자본』I권이 출간되고 얼마 지나지 않아서였습니다. 마치 이때만을 기다려온 사람처럼 말이죠.

『자본』이 출간된 다음 해(1868)에 엥겔스는 마르크스에게 편지를 썼습니다. "친애하는 무어. 아래 질문들에 대해 '아주 정확히' 고려해서, 내가 화요일 아침까지 자네 답변을 받을 수 있도록 답장해주게. ①자네 빚을 '모두' 청산하고 깨끗하게 새 출발 하는 데 얼마가 필요한가. ②1년에 £350이면 빚을 지지 않고 '일상적' 고정비용을 충당할 수 있는가(병이나 예측하지 못한 사고 같은 건 계산에서 배제하게). 그렇지 않다면 그것에 필요한 총액을 말해주게."[36]

엥겔스는 사실상 마르크스 가족의 생활을 책임지고 있었습니다. 퇴직이 자신만의 문제가 아니었던 거죠. 『자본』이 출간되고 러시아 등지에서 번역 제안이 이루어지자 엥겔스는 이제 지긋지긋한 일을 때려치울 때라고 생각했습니다. 그래서 동업자인 에르멘에게 지분을 모두 넘기고 퇴직의 수순에 들어갑니다. 마침내 1869년 7월 1일, 사업에서 완전히 손을 뗍니다.

마르크스의 셋째 딸 투시(엘레노어 마르크스)는 엥겔스의 마지막 출근 날을 잊지 못할 거라며 기록을 남겼습니다. 엥겔스는 신발을 신으며 "마지막이야" 하고 외쳤습니다. 몇 시간 뒤 마르크스 가족들은 퇴근하는 엥겔스를 기다렸습니다. 투시에 따르면 엥겔스는 "허공에 지팡이를 흔들며 노래를 불렀"습니다. 그날 엥겔스는 마르크스에게도 말했습니다. "만세! 오늘로 사업은 끝났고, 나는 이제 자유인이야." 참 뭉클한 장면입니다.[37] 마르크스가 『자본』의 글 감옥에서 해방되었을 때 이 책이 나오기를 누구보다 학수고대하던 엥겔스가 사업의 사슬에서 풀려난 것입니다!

○ 계산이 유발하는 환상

미안하지만, 따뜻한 우정은 뒤로하고 냉정한 문제 풀이의 세계로 돌아가야겠습니다. 이번에는 조금 다른 문제를 풀어보려 합니다. 생산물의 가치를 생산물의 양으로 분할해보는 것입니다. 왜 이런 계산을 하는가. 일단은 우리가 곧이어 마주칠 정치경제학자 시니어의 황당한 주장을 비판할 때 도움이 되기 때문입니다. 그리고 나중에 우리가 임금에 대해 살필 때 (특히 성과급제 임금을 이해할 때) 도움이 됩니다.

우리에게 익숙한 예를 계속 활용하겠습니다. 면사 20킬로그램의 가치는 30만 원이었습니다. 면화 20킬로그램의 가치(20만 원), ½개 방추의 가치(4만 원), 노동력의 가치(3만 원), 잉여가치(3만 원)를 모두 합한 것이죠. 그럼 생산요소들 각각의 가치에 따라 생산물의 양을 나누면 어떻게 될까요? 면사에 이전된 면화의 가치는 20만 원이므로 전체의 ⅔에 해당합니다. 그러니까 생산물인 면사의 양으로 따지면 20킬로그램의 ⅔, 즉 13⅓킬로그램에 해당합니다. 방추는 4만 원이므로 면사의 양으로 따지면 20킬로그램의 ⁴⁄₃₀, 즉 2⅔킬로그램에 해당합니다. 면화와 방추의 가치를 모두 합친 것, 즉 불변자본의 가치를 생산물인 면사의 양으로 나타내면 16킬로그램인 셈이죠. 이런 식으로 노동력의 가치와 잉여가치에 해당하는 면사의 양도 구할 수 있습니다. 각각 2킬로그램이 거기 해당하죠.

계산 자체는 어렵지 않은데요. 문제는 계산이 아닙니다. 마르크스는 이런 식의 계산이 유발하는 환상을 지적합니다. 자본가는 생산물인 면사를 놓고 방적공에게 이렇게 얘기할 수 있습니다. 여기 면사 2킬로그램이 네가 기여한 부분이야. 여기 16킬로그램은 내가 면화랑 방추에 쓴 거고. 나머지 2킬로그램? 그거야 내 노력에 대한 보상이지. 계산된 값으로만 보면 틀린 말이 아닐 수 있겠습니다. 그런데 자본가의 말은 마치 16킬로그램의 면사가 노동자의 노동 없이 만들어진 것 같은 환상을 불러일으킵니다. 다이달로스의 조각들이나 헤파이스토스의 세발솥들처럼 면화와 방추가 저절로 움직여 면사로 돌변한 것처럼 말입니다.[38] 현물로서 면사 20킬로그램은 모두 방적 노동이 산물임에도, 가치 구성에 따라 분해한 뒤 현물의 양을 대응시키니 마술 같은 일이 벌어지는 거죠. 면화와 방추는 저절로 움직여 16킬로그램의 면사가 되고, 방적공은 4.킬로그램(노동력의 가치와 잉여가치)의 실을 면화와 방추 없이 "허공에서 뽑은 듯"합니다.[김, 294; 강, 318]

면사의 가치를 돈으로 표시했는데요. 노동시간으로 표시할 수도 있습니다. 면화 20킬로그램의 가치가 40시간, 방추 ½개의 가치가 8시간, 노동력의 가치가 6시간, 잉여가치가 6

시간이므로 모두 합해 면사 20킬로그램은 60시간에 해당합니다. 면화와 방추의 가치에 해당하는 면사의 양이 16킬로그램이라고 했는데요. 이들의 가치 48시간이 면사 16킬로그램의 현물에 해당하는 셈이죠. 바꾸어 말하면 면사 16킬로그램은 48시간의 노동이 몸을 얻어 나타난 것입니다(einverleiben). [김, 295; 강, 318]

그런데 이 모든 일은 하루 동안의 노동, 즉 12시간 동안 일어난 것입니다. 단순한 수학적 계산으로는 면사 생산에 참여한 요소들의 가치만큼 이 12시간을 비례적으로 분할할 수도 있습니다. 생산물인 면사 20킬로그램 중 13⅓킬로그램이 면화의 가치에 상응하고, 2⅔킬로그램이 방추의 가치, 2킬로그램이 노동력의 가치, 또 2킬로그램이 잉여가치에 해당한다면, 이 비율에 따라 하루 노동시간을 나눌 수 있습니다. 그럼 면화 20킬로그램의 가치는 전체의 ⅔에 해당하므로, 12시간의 ⅔인 8시간에 해당할 겁니다. 이런 식으로 다른 요소들의 가치도 각각의 비율에 따라 몇 시간에 해당하는지 구할 수 있습니다. 방추의 가치는 1⅗시간, 노동력의 가치와 잉여가치는 각각 1⅕시간에 해당합니다.

계산 자체는 아무런 문제도 없습니다. 그냥 비례관계니까요. 다시 말하지만 12시간을 요소들의 비례에 따라 나눈 것에 불과합니다. 생산물의 가치를 노동시간으로 표시하면 60시간인데요. 그것을 12시간 길이로 축약했다고 보면 됩니다. 그런데 이렇게 만들어놓고 나면, 개념에 대한 이해가 부족한 사람들은 황당한 생각을 할 수 있습니다. 아니, 이해가 부족한 사람이 아니라 이익이 달린 사람들이 그럴 수 있습니다. "특히 실천적으로 가치증식과정에 관심을 갖고 있으면서 그것을 이론적으로 곡해함으로써 이익을 얻을 수 있는 사람들의 머릿속"에서 그런 생각이 일어납니다.[김, 296; 강, 319] 노동자의 하루 노동시간을 그렇게 나누어서 이해하는 거죠. 처음 8시간은 면화를 생산한 시간이고, 1시간 남짓은 방추를 생산한 시간이고, 또 1시간 남짓은 노동자가 자기 임금을 생산한 시간이고, 마지막 1시간 정도가 노동자가 자본가를 위해 일한 시간이라는 식으로요.

◦ 최후의 '1시간'

실제로 어떤 자본가는 노동자에게 그런 식으로 말하기도 할 겁니다. 원료 값과 기계 값 등 이런저런 잡비 내고 월급까지 주고 나면, 1시간이나 자기 몫으로 떨어질지 모르겠다고요. 이런 자본가라면 노동자가 조금 지각하거나 옆 사람과 잡담이라도 한다면 결코 그 꼴을 볼 수 없을 겁니다. 그 짧은 시간에 자기 몫이 허공으로 사라진다고 생각할 테니까요.

과연 이게 말이 될까요. 1836년 옥스퍼드의 경제학 교수 시니어(Nassau Senior)가 비슷한 주장을 폈습니다. 당시는 하루 10시간 노동을 요구하는 운동이 벌어질 때인데요. 『공장법에 대한 편지』*Letters on the Factory Act*에서 그는 10시간 노동제가 시행되면 자본가에게는 한 푼도 안 떨어질 거라고 했습니다. 그러면서 이런저런 계산을 늘어놓았는데요. 당시 공장법에 따르면 '18세 미만'의 노동자를 고용한 사업장은 하루 11½시간 이상 작업을 시켜서는 안 됩니다(다시 말하지만 18세 '미만' 노동자입니다!). 그런데 시니어는 여기서 1시간만 줄여도 순이익이 사라진다고 했지요. 한마디로 기업이 망한다는 겁니다.

마르크스는 시니어의 글을 직접 인용한 뒤 시니어가 '정말 말하고자 하는 바'를 주석에 따로 정리했습니다. 내용이 뒤죽박죽이라면서 정리를 좀 해줘야 한다고요.[김, 298, 각주 10; 강, 321, 각주 32] 대강의 내용은 조금 전 우리가 예를 들어 살펴본 것과 같습니다. 하루 노동일을 생산물의 가치에 따라 분할하는 것이죠. 시니어가 제시한 수치에 따르면 10시간은 투하 자본 부분(c+v)에 해당하고, 마지막 1½시간이 잉여가치에 해당합니다. 시니어는 복잡하게 계산했지만 사실 그럴 필요도 없었습니다. 그는 맨체스터 공장주들에게 이윤율이 15퍼센트라는 말을 들었나 봅니다. 이윤율을 15퍼센트라고 상정했거든요. 노동일인 11½시간의 15퍼센트를 하면 1½시간이 나옵니다.

마르크스는 너무 어처구니가 없었나 봅니다. "이 교수는 이런 걸 '분석'이라고 말하고 있다!"[김, 299; 강, 323] 시니어의 잘못은 어디에 있을까요. 마르크스는 『자본』 I권 제7장(영어판 제9장) 제3절의 제목을 마치 희곡처럼 〈시니어의 '최후의 1시간'〉이라 달고는 가상의 분석가의 입을 빌려 시니어를 꾸

짓습니다. 제3절의 내용 대부분이 이 분석가의 독백입니다. 겉으로는 '시니어가 제대로 된 분석가였다면 공장주들에게 이렇게 말했어야 한다'라는 식인데요, 실상은 마르크스가 노동자들에게 시니어의 문제점을 설명해주는 것입니다.

마르크스는 시니어의 주장을 따라가면 결국 길이 없는 곳, 즉 아포리아(aporia)에 이른다는 걸 보여줍니다. 일종의 내파 전략이죠(사실은 이런 전략 때문에 이야기가 필요 이상으로 까다로워졌습니다). 이야기가 너무 어려워진다 싶을 때 마르크스는 갑자기 화자의 입을 빌려 이렇게 외칩니다. "이제 정말로 어려운 지점에 도달하였소. 그러니 정신 바짝 차리시오!"[김, 300; 강, 323] 가상의 분석가가 청중인 공장주들에게 외치는 말이지만, 실제로는 마르크스가 독자인 노동자들에게 하는 말이지요. 어려운 대목이니 정신 바짝 차리라고요. 마르크스는 마치 노동자들을 눈앞에 두고 글을 쓰는 것 같습니다. 이런 대목을 만날 때마다 빙긋 웃게 됩니다. 마르크스의 마음이 떠올라서요.

시니어에 대한 마르크스의 비판을 이해하기 위해 아래에 표를 하나 그려보았습니다.[김, 293, 역주] 앞서 살핀 예를 내용에 맞게 정리한 것입니다. 표의 첫 번째 행은 생산물인 면사의 가치를 구성요소에 따라 돈으로 표시한 것이고요. 두 번째 행은 구성요소의 가치에 따라 생산물의 양을 대응시킨 것입니다. 세 번째 행은 가치를 노동시간으로 표시한 것이고요. 네 번째 행은 그것을 다시 하루 노동시간인 12시간에 맞게 배분

한 겁니다.

면사의 가치 30만 원	면화 20만 원	방추 4만 원	노동력 가치 3만 원	잉여가치 3만 원
면사 20킬로그램	13⅓킬로그램	2⅔킬로그램	2킬로그램	2킬로그램
총노동 60시간	40시간	8시간	6시간	6시간
노동일 12시간	8시간	1⅗시간 (1시간 36분)	1⅕시간 (1시간 12분)	1⅕시간 (1시간 12분)

　　문제는 어디에 있는가. 네 번째 행입니다. 계산 자체는 틀리지 않았지만 이렇게 나란히 배열하면 의미가 엉뚱해집니다. 노동자가 하루 일했으면 당연히 그만큼의 가치가 생길 겁니다. 12시간 일했으면 12시간의 가치가 생기지요. 그중 일부는 자신의 임금을 생산한 것이고 나머지는 자본가의 잉여가치를 생산한 겁니다. 그런데 네 번째 행은 마치 노동자가 12시간 일하는 동안 8시간은 면화의 가치를 생산하고, 1시간 36분은 방추의 가치를 생산하며, 1시간 12분은 노동력의 가치를, 그리고 마지막 1시간 12분은 잉여가치를 생산한 것처럼 보이게 합니다.

　　이건 말이 안 됩니다. 가치의 이전(가치의 재현)과 가치의 생산을 전혀 구분하지 못한 것이죠. 만약 노동자가 마지막 1시간 12분 동안 자기 노동력의 가치(3만 원, 6시간)를 생산했다고 하면, 그는 1시간 12분 동안 6시간의 가치를 생산한 것과 같습니다. 잉여가치도 마찬가지고요. 마지막 1시간 12분 동안 6시간의 가치를 생산한 것이죠(우리는 지금 노동일을 12시간으로 상정했는데요. 만약 시니어처럼 노동일을 11시간 30분으로 상정하면, 노동자는 노동력의 가치와 잉여가치를 생산할 때, 각각 1시간 동안 5시간 45분의 가치를 생산하는 것과 같습니다.[김, 301; 강, 323]) 방적공은 어떻게 1시간 동안 6시간 가까운 가치를 생산할 수 있을까요. 1시간의 가치는 1시간 동안 노동했다는 뜻인데 말입니다. 시니어의 말대로 하면, 노동자는 1시간 동안 6시간을 일한 셈입니다. 시니어는 기적을 증명한 걸까요? 그렇지 않습니다. 그의 분석이 그냥 엉터리인 거죠.

시니어는 최후의 1시간을 줄이면 순이익이 사라질 것이라고 했는데요. 그의 말이 옳다면 최후의 1시간을 2시간으로, 그러니까 노동시간을 1시간만 더 연장하면, 잉여가치를 뽑는 시간이 두 배 늘었으므로 잉여가치율이 두 배 늘어날 겁니다. 그러나 둘 다 허무맹랑한 결론입니다. 마르크스의 표현을 빌리면 전자는 "지나치게 상심한 비관론자"의 말이고, 후자는 "철없는 낙관론자"의 말입니다.[김, 302; 강, 325]

위의 표를 가지고 한번 계산해볼까요(참고로 『자본』 본문에서 마르크스는 시니어의 수치로 계산했으므로 값이 조금 다릅니다). 만약 하루 노동시간을 1시간 줄이면 잉여가치율이 0퍼센트가 될까요. 그렇지 않습니다. 하루 노동시간 12시간 중 잉여노동이 6시간이었는데 그것이 5시간으로 줄어든 것뿐입니다. 그러면 필요노동에 대한 잉여노동의 비율은 $5/6$, 즉 $83\frac{1}{3}$

퍼센트입니다. 100퍼센트에 비하면 좀 줄기는 했습니다만 세상 망한 것처럼 한탄할 정도는 아닙니다. 여전히 83퍼센트 넘게 착취하고 있으니까요. 만약 노동시간이 1시간 늘어나면 어떻게 되나요(모두 잉여노동에만 더해진다고 가정하고요). 그럼 잉여가치율이 $7/6$, 즉 $116\frac{2}{3}$퍼센트가 되지요. 늘어나긴 했지만 두 배가 되었다고 말하기는 좀 그렇죠.

∘ 학문 너머에 있는 것

시니어의 말은 당연히 경험적으로도 반박되었습니다. 지금 우리의 노동일은 시니어가 종말이 올 것처럼 떠들었던 10시간보다도 짧은 8시간이니까요. 그가 퍼뜨린 '세계 종말론'은 '새빨간 거짓말'이 되고 말았죠.[김, 302; 강, 325] 마르크스의 주석에 따르면 시니어 자신도 나중에는 공장법을 지지했다고 합니다. "자기의 명예를 위해서" 말이지요. 하지만 시니어는 물론이고 시니어를 반대했던 사람들도 종말이 오지 않은 이유를 알지는 못했습니다. 반대자들 역시 "경험적 사실에 기대어 그런 것이지만, 왜(why)와 무엇 때문에(wherefore)를 미스터리로 남겨두었"습니다. 마르크스는 이것이 "소위 경제'과학'이라고 하는 것의 오늘날의 수준"을 보여준다고 조롱했지요.[김, 304, 각주 11; 강, 326, 각주 32a]

시니어처럼 대단한 경제학자가 왜 이런 어처구니없는 종말론을 퍼뜨렸을까요. 앞에서 마르크스는 "실천적으로 가치증식과정에 관심을 두면서 이론적으로 그것을 곡해하는 것에 이익이 달린 사람들"에 대해 이야기했는데요.[김, 296; 강, 319] 시니어를 염두에 두고 한 말일 겁니다. 마르크스는 그의 과학 뒤에 있는 의지를 지적한 겁니다. 앎의 의지 말입니다. 어떤 논리, 어떤 계산을 통해서라도 이윤을 지켜야 한다는 의지 속에서 논리를 전개한 것이지요.

시니어의 책은 맨체스터를 방문한 뒤에 쓰인 것인데요. 마르크스는 그가 맨체스터의 공장주들로부터 호출을 받았다고 했습니다. 그 이유에 대해 "경제학을 가르치기 위해서가 아니라 거꾸로 경제학을 배우기 위한 것"이었다고 했습니다. [김, 297; 강, 320] 학문적으로만 말하면 시니어가 공장주들로부터 배울 것은 없을 겁니다. 그러니까 시니어가 무언가를 배웠다면 그것은 학문의 영역, 과학의 영역이 아닙니다. 그것은 바로 입장(position)이죠('학문'과 '입장'의 관계에 대해서는 『다시 자본을 읽자』, 72~74쪽을 참조하세요). 그는 자본가들의 입장을 배운 것입니다. 마르크스가 『자본』의 제2독일어판 후기에서 한 말이 있었죠. "계급투쟁과 더불어 과학적인 부르주아 경제학은 종언을 고했다. 이제 중요한 것은 어떤 이론이 맞는가 틀리는가가 아니라 자본에 이로운가 해로운가, 자본에 편리한가 불편한가, 자본이 허락할 수 있는가 없는가가 문제가 되었다." [김, 12~13; 강, 54]

이것은 경제학만이 아니라 도덕에서도 확인할 수 있습니다. 시니어만큼이나 최후의 '1시간'을 지키려고 노력했던 앤드루 유어(Andrew Ure)는 '18세 미만'의 소년들을 도덕적으로 보호하기 위해서라도 12시간 동안 공장에 잡아두어야 한다고 했습니다.[김, 302, 각주 11; 강, 325, 각주 32a] 공장에서 일찍 내보내줘 봐야 못된 짓만 배운다는 거죠. 1848년에 소년들에게 하루 10시간 이상의 노동을 금하는 법이 통과되자 공장주들은 부모들을 동원해 반대 청원을 하게 했습니다. 부모들은 청원서에서 아이들에게 여가시간이 늘어나면 타락할 것이라고 썼습니다. 그러면서 "나태는 모든 악덕의 시초"라고 했지요.

시니어가 경제적 관점에서 종말론을 펼쳤다면 유어는 도덕적 관점에서 종말론을 펼친 셈입니다. 마르크스는 이에 대해 당시 의회에 제출된 공장감독관의 보고서를 인용해 반박합니다.[김, 302, 각주 11; 강, 326, 각주 32a] 이토록 도덕적이고 사랑 넘치는 부모들이 그 자식들을 잡아두고자 하는 공장은 어떤 곳인가. 먼지와 실밥이 날려 1시간은커녕 단 10분만 머물러도 고통스러운 곳에서 아이들은 정신없이 돌아가는 기계 속도를 따라가느라 쉴 새 없이 몸을 움직입니다. 이 아이들에게 부모들이 '나태'라는 말을 쓴다면 너무나 잔인한 짓 아닌가. 이게 당시 공장감독관들의 항변이었죠.

나중에 우리는 제13장(영어판 제15장)에서 기계제 대공업을 다루며 이 문제를 다시 언급할 텐데요. 마르크스는 자본주의가 부모들을 '노예 상인'처럼 만든다고 말합니다. 자식들을 팔아먹는다는 거죠. 그리고 이것을 부추기고 이용하는 자본가들의 야만적 행위를 강하게 규탄합니다.[김, 535, 각주 40; 강, 535, 각주 122] 실제로 좀 전에 언급한 부모들의 청원 뒤에는 자본가들의 사주가 있었습니다. 공장감독관들은 공장주들이 부모를 회유하고 협박하고 심지어 청원을 위조했다는 증거들을 제시했답니다.[김, 302, 각주 11; 강, 326, 각주 32a]

　꼭 이렇게까지 해야 하는가. 도대체 최후의 1시간을 사수하려는 이 집요한 열정은 어디서 오는가. 마르크스가 『자본』 서문에 썼던 문장이 떠오릅니다. "신앙조항 39개 중 38개를 침해하는 것을 용서할지언정 자기 수입의 39분의 1을 침해하는 것은 결코 용서하지 않을 것이다."[김, 7; 강, 47~48] 그러고 보니 작년(2018) 전국경제인연합에서 미국의 저명한 경제학 교수 한 사람을 서울로 불렀던 일이 떠오릅니다. 노벨상 수상 경제학자인 폴 크루그먼(Paul Krugman)을 불러서 양극화 문제에 대해 강연을 들었죠.[39] 세계적인 경제 '석학'의 입을 빌려 정부 정책을 비판하고 싶었던 전국경제인연합 부회장이 이 '석학'에게 하소연했습니다. 세상에나 이 정부는 일률적으로 주당 노동시간을 52시간으로 줄이려 한다고. 그런데 '석학'은 기대를 저버렸습니다. 그는 깜짝 놀라서 말했습니다. "어떻게 그렇게 오래 일하는지 알 수 없습니다. 52시간으로 줄여도 여전히 높은 것 같습니다." 그러고는 충고했습니다. "좀 더 인간적인 사회를 만들어야 한다"라고요. 크루그먼은 최소한 시니어는 아니었던 거죠.

　　　。왜 시니어인가

마르크스는 왜 하고많은 사람 중에 시니어를 인용했을까요.

177

물론 잘나가는 부르주아 경제학자를 비판하는 건 사람들에게 끼칠 해악을 차단한다는 점에서 중요하지요. 하지만 시니어의 글은 『자본』 출간 시점을 기준으로 30년 전의 것입니다. 1860년대에는 이미 자본주의의 종말 여부가 최후의 1시간에 달려 있다고 믿는 사람들도 없었습니다. 그사이 하루 10시간 노동이 법제화되었으니까요(1848년 공장법). 게다가 『자본』이 나올 즈음에는 노동운동 진영에서 '8시간 노동제'에 대한 구호가 나오고 있었습니다.

이미 효력을 다한 주장을 굳이 『자본』에서 공격한 이유는 뭘까요. 심지어 한 절의 제목으로 사용하면서 말입니다. 『자본』에서 사람 이름을 절 제목에 쓴 것은 여기가 유일합니다. 스미스도 리카도도 아닌 시니어에게 그럴 필요가 있었을까요. 마르크스가 『정치경제학 비판 요강』과 『잉여가치학설사』 등에서 시니어를 몇 차례 언급한 것은 사실입니다. 시니어의 책에 대해 제법 긴 메모를 해둔 곳도 있기는 하지만[40] 대부분은 지나치듯 가볍게 이름만 언급하는 수준입니다. 이론적으로 그렇게 비중 있는 인물이 아니었다는 뜻이죠.

마르크스가 시니어의 주장을 반복적으로 언급할 때의 주제는 세 가지 정도입니다. 하나는 앞서 말한 것인데요. 이자의 원천이 자본가의 '절욕'에 있다고 한 것입니다.[41] 다른 하나는 '생산적 노동'에 대한 스미스의 견해를 시니어가 비판한 것인데요.[42] 마르크스는 여기서 오히려 스미스 편을 듭니다. 시니어의 견해가 완전히 엉터리라고요. 세 번째 주제가 이 '최후의

1시간'입니다. 똑같은 엉터리 주장이라 해도 앞의 두 가지는 상대적으로 간단히 처리했으나 세 번째 주제는 『자본』의 한 절을 할애해 비판하고 있는 겁니다.[43]

그 이유가 뭘까요. 『정치경제학 비판 요강』에는 방금 우리가 읽은 것과 동일한 내용이 있습니다. 시니어의 책을 인용하면서 마르크스가 메모 형태로 적어둔 것인데요. 마르크스가 중간에 적어둔 짧은 문장 하나가 눈에 띕니다. "시니어 씨의 수치들은 틀렸지만 그의 예시는 우리의 이론을 위해서 중요하다."[44] 시니어의 주장을 소개한 것은 그것의 객관적 위상 때문이 아니라는 겁니다. 마르크스 자신의 이론을 위해 중요하다는 이야기죠.

이 말을 이해하려면 『자본』의 전개과정을 살펴야 합니다. 지금 우리가 『자본』의 어디에 있는지를 확인할 필요가 있습니다. 우리는 잉여가치가 잉여노동이라는 것을 알아냈습니다. 이는 잉여가치량이 잉여노동시간에 달렸다는 뜻이죠. 우리가 지금 읽고 있는 『자본』 제3편의 제목이 '절대적 잉여가치의 생산'인데요. 잉여가치를 절대적으로 늘리거나 유지하는 방법은 노동시간을 늘리거나 지키는 것입니다. 우리 시리즈의 다음 책에서 다룰 제8장(영어판 제10장)의 제목이 '노동일'인데요. 노동시간의 길이를 둘러싸고 자본가계급과 노동자계급이 벌인 격렬한 투쟁을 다룹니다.

마르크스는 자본주의에서 노동시간의 길이가 왜 이렇게 첨예한 갈등의 대상이 되는지를 미리 말해주고 있는 겁니다.

그리고 그 양상을 다음 장에서 확인하는 거죠. '최후의 1시간'에 대한 시니어의 억지는 그 내용은 틀렸을지라도 문제의 올바른 장소가 어디인지 보여줍니다. 줄자의 10미터라는 눈금이 전체 길이가 10미터라는 걸 표시하듯, 노동일 중 최후의 1시간은 노동일 전체의 길이를 나타냅니다. 이 1시간을 지키는 것은 노동일 전체를 지키는 것이죠. 시니어의 주장은 그것을 보여줍니다.

마르크스가 시니어에 관해 마지막으로 달아둔 주석도 이 점을 보여줍니다.[김, 304, 각주 12; 강, 326, 각주 33] 마르크스는 시니어가 맨체스터 여행에서 '얻은 것'이 있다고 말합니다. 원래 시니어는 리카도를 강하게 비판했던 사람입니다. 상품의 가치가 노동시간에 달려 있다는 생각을 거부했죠. 그래서 나온 것이 자본가의 절욕설입니다. 그런데 '최후의 1시간'에 대한 시니어의 언급은 가치가 노동시간에 달렸음을 전제하는 것이죠. 게다가 시니어는 잉여가치가 최후의 1시간에 달렸다고 말함으로써, 자본가의 핵심적 이해(利害)가 노동시간의 길이에 달렸음을 보여준 셈입니다.

○ 목소리 vs. 목소리

이제 노동과정에 대한 우리의 이야기를 마무리해야겠습니다. '마무리'라고는 했지만 다음 이야기의 전조라고 해도 좋겠습니다. 언제부턴가 논전이 시작되었습니다. 자본 개념을 이론적으로 정립한 지난 책(시리즈의 4권『성부와 성자』)까지는 이런 문장들이 별로 없었지요. 연극적 구성을 취한다 해도 장면에 대한 것이었지 논전 형식의 대사가 나오지는 않았습니다. 그런데 이번 책부터는 주장과 항변 형식의 논전이 심심치 않게 나옵니다. 물론 자본가와 노동자의 대결이 아직은 직접적이지 않습니다. 이번 5권에서 다룬 이야기들은 생산과정에 대한 '자본가의 통제'를 전제한 가운데 어떻게 잉여가치가 생겨나는지를 이론적으로 규명하고 있을 뿐이니까요.

그럼에도 주석 부분을 보면 이미 각 계급의 옹호자 간에 전쟁이 시작된 듯합니다. 마르크스는 시니어의 책 『공장법에 대한 편지』에 관한 주석에서 공장감독관이었던 레너드 호너(Leonard Horner)를 언급했습니다.[김, 298, 각주 10; 강, 321, 각주 32] 호너는 1833년 공장조사위원회의 위원이었고 1859년까지 공장감독관을 역임한 사람입니다. 그는 시니어의 책이 출간되었을 때 『시니어에게 보내는 편지』를 쓴 사람이기도 합니다.

마르크스는 그를 "영국의 노동자계급을 위해 불멸의 공적을 세운" 인물이라고 추켜올립니다.[김, 298, 각주 10; 강, 321, 각주 32] 공장주들에게 시니어가 있었다면 노동자들에게는 호너가 있었던 셈이죠(우리로 따지면 고용노동부의 근로감독관과 같은 일을 수행했던 사람이죠. 우리의 근로감독관 중에 노동자를 위해 불멸의 공적을 세운 사람이 있는지는 모르겠습니다만). 그는 실태 조사를 토대로 공장주들의 주장을 반박하고 장관과 의회를 설득했습니다. 우리는 그의 활약상을 다음 책에서 자세히 볼 겁니다.

본문에서는 시니어의 주장이 펼쳐지는데 주석에서는 시니어를 반박했던 호너가 등장하는 겁니다. 또 다른 주석에서는 유어가 시니어의 주장을 도덕적으로 옹호하는데 그것을 호너나 하월(Howell) 같은 공장감독관들이 반박하죠. 한편에 시니어, 유어, 로셔 등이 있다면 다른 편에 호너나 하월 등이 있는 겁니다.

목소리와 목소리가 부딪치고 있습니다. 아직 전면화하지 않았지만 목소리가 서서히 커지고 있습니다. 한 목소리가 잉여가치율과 이윤율이라고 부르는 것을 다른 목소리는 착취도라고 부릅니다. 잉여노동의 시간을 이윤이라고 부르는 사람과 착취라고 부르는 사람. 우리는 이제 노동시간이 계급전쟁의 대상이 되리라는 것을 충분히 예감할 수 있습니다.

다음 책으로 넘어가기 전에 제7장(영어판 제9장)의 마지막 문장을 읽어보겠습니다. "필요노동과 잉여노동의 합계, 즉 노동자가 자신의 노동력을 보전하는 시간과 잉여가치를 생산하는 시간의 합계가 노동시간의 절대적 크기, 다시 말해 노동일을 이룬다."[김, 306; 강, 328] 너무나 단순하고 자명한 이야기죠. 하루의 노동시간은 노동자가 자기 노동력의 가치를 재생산하는 시간과 자본가를 위해, 즉 자본가의 잉여가치를 위해 일하는 시간으로 이루어져 있다는 것인데요. '필요노동＋잉여노동＝노동일'이라는 간명한 정식을 풀어 쓴 것입니다.

그런데 이 문장이 사실은 무시무시한 문장입니다. 너무

단순해서 그렇습니다. 노동시간이 단지 두 개의 항으로만 이루어져 있습니다. 필요노동과 잉여노동. 이 '과'라는 연결사가 내게는 계급투쟁의 전선으로 보입니다. 그 오른쪽이 전쟁터입니다. 단 1시간이라도 늘리려는 자본가와 단 1시간이라도 줄이려는 노동자. 시침 한 칸, 분침 한 칸도 중립적이지 않습니다. 다시 말하지만 딱 두 개의 항입니다. 여기에는 신조차 앉을 자리가 없습니다.

　다음 책의 제목은 아마도 '공포의 집'이 될 것입니다. 이번 책에는 다음 내용을 예감하게 하는 단어들이 이미 많이 나와 있습니다. 살아 있는 노동과 죽은 노동, 잉여가치율과 착취도, 생명력의 지출, 피를 빨아 영생을 누리는 괴물. '공포의 집'은 왜 그런 이름을 갖게 되었을까요. 거기에 어떤 괴물이 살까요. 상품에 깃든 유령 이야기를 할 때만 해도 『자본』이 부의 요정을 다루는 동화처럼 보였고, 자본 개념을 다룰 때는 범인을 쫓는 추리물인가 싶었는데, 이제 점점 공포스러운 잔혹극이 되어가고 있습니다.

Ⅰ——정신의 왕국과 자본의 왕국

Ⅱ——고정자본과 유동자본의 구분

Ⅲ——사이보그 노동자의 에일리언 되기

마르크스는 노동자가 새로운 사용가치를 생산하는 과정을 마법처럼 묘사했는데요. 노동의 불길이 죽은 사물에 새로운 영혼을 불어넣고 그것을 환생시키는 것처럼 말입니다.[김, 244; 강, 272~273] 심지어 "단지 손을 한 번 대는 것만으로" 생산수단에 영혼이 들어가 살아난다고 했지요.[김, 267; 강, 292~293]

　　그런데 여기서 '영혼을 불어넣는다'라고 옮긴 단어가 특이합니다. 'begeisten'인데요. 오늘날 사전에는 잘 나오지 않는 단어입니다. 중세에는 종종 쓰였지만 근대 이후에는 사실상 사라졌습니다. 그 대신 'begeistern'이라는 단어가 일반화되었지요. 처음에는 이 단어에도 '영혼을 불어넣다'라거나 '소생시키다'라는 뜻이 있었다고 합니다. 그러나 18세기 이후부터는 주로 '열정(Leidenschaft)에 휩싸이다', '열기(Hochstimmung)를 띠다'라는 뜻으로 통용되었습니다.[45]

　　그렇다면 19세기 후반에 『자본』을 쓴 마르크스는 이 단어를 어디서 본 걸까요. 유력한 후보는 헤겔의 『정신현상학』입니다. 메럴드 웨스트팔(Merold Westphal)에 따르면 'begeisten'은 헤겔이 주조해낸 단어입니다.[46] 웨스트팔은 헤겔이 'begeisten'에 'begeistern'의 의미도 담았다고 했습니다만, 『정신현상학』에서 헤겔은 대체로 'begeistern'(Begeisterung)과 'begeisten'(Begeistung)을 구분해서 씁니다. 전자는 주로 열정에 휩싸인 상태를 지칭하는데요. 헤겔은 몰아의 경지 (Ekstase)에 이를 때 진리가 찾아온다고 생각하는 사람들을 비판하며 이 단어를 썼습니다. 진리란 필연성에 대한 냉정한 인식에서 오는 것이지 '열정'(Begeisterung)으로 얻을 수 있는 게 아니라고요.[47] 학문적 노고를 통해 절대적 앎에 이르는 정신적 활동이 'begeisten'이라면, 열정에 휩싸여 정신이 혼미해진 상태가 'Begeisterung'이라 할 수 있습니다.

그렇다고 'begeisten'이『정신현상학』에서 아주 많이 쓰인 동사는 아닙니다. 그러나 이 단어는 내 생각에『정신현상학』에서 헤겔이 말하고자 하는 '정신의 운동'을 아주 잘 표현하는 단어입니다. 헤겔은 "진리란 '실체'로서만이 아니라 '주체'로서도 파악되고 표현되어야 한다"라고 했습니다.[48] 진리란 '전체'(das Ganze)의 운동을 따라 기술하는 것인데요. 말하자면 전체의 운동이 앎의 형식으로 표현되어야 합니다.

그런데 헤겔에 따르면 과거 철학자들은 실체를 하나의 표상으로만 대했습니다. 그래서 실체란 '이런 것이다, 혹은 저런 것이다' 하는 식으로 속성을 서술하는 데 그쳤습니다. 그리고 그 서술의 참과 거짓만을 따졌지요. 이는 실체를 죽은 것으로 대하는 태도입니다. 마치 씨앗을 보고 열매가 아니라고 말하는 식이지요. 물론 씨앗은 열매가 아닙니다. 당장에는 그 말이 참입니다. 하지만 이것은 씨앗을 죽은 것으로 간주할 때만 참이지요. 이런 사유로는 씨앗에서 나무가 자라고 거기서 열매가 열리는 것을 말할 수 없습니다. '전체'가 생명처럼, 그러니까 '살아 있는 실체'(lebendige Substanz)로서 움직인다면 진리 역시 이런 운동을 표현하는 형태로 서술되어야 할 겁니다.

실체를 주체로서도 파악하고 표현해야 한다는 것은 '전체'의 운동이 철학자의 사유를 통해 그대로 표현되어야 한다는 뜻입니다. 그런데 전체란 철학자와 떨어져 있는 대상이 아니지요. 철학자 또한 전체에 포함되니까요. 그러므로 인간정신이 절대적 앎을 향해 나아가는 과정(학문의 발달 과정)은 전체가 주체로서 자신을 인간정신을 통해 전개해가는 과정이라 할 수 있습니다.[49] 정신의 전개 과정이 살아 있는 실체로서 전체의 전개 과정인 셈입니다.

흥미로운 점은 마르크스가 '살아 있는 노동'에 대해 쓴 표현들이 헤겔이 '정신의 운동'에 대해 쓴 표현들이라는 사실입니다. 헤겔은 만물의 운동에서 파악된 통일성을 "생명의 단순한 본질이며 세계의 영혼이고 만물에 스며 있는 피"라고 했습니다.[50] 정신의 운동이 절대적 앎을 향해 나아가면서 철학자에게는 이 만물의 통일된 운동, 만물에 깃든 혼이 파악되기 시작합니다. 인간 학문의 발전 과정이란 헤겔의 표현을 빌리면 "정신이 현실적 역사로서 수행해온 노동"이라 할 수 있습니다.[51] 철학자는 자기 시대를 넘어설 수 없습니다.[52] 철학자의 사유 자체가 정신의 역사적 운동이기 때문이지요. 정신이 아직 펼치지 않은 것을 철학자가 미리 알 수는 없습니다.

'begeisten'은 정신의 이런 활동을 표현하는 단어입니다. 헤겔은 이 단어를 통해 철학자의 사유가 실상은 '정신'(Geist)

의 운동임을 보여주려 했던 것 같습니다. 'begeisten'을 'be-Geist-en'으로 분해해보면, 사유의 원천으로서 '정신'(Geist)의 운동이 잘 보이지요.[53]

만약 『자본』에 쓰인 'begeisten'이라는 단어의 출처가 헤겔이 맞는다면 마르크스는 제1편에서처럼 여기서도 헤겔을 '흉내 내고' 있는 셈입니다. '정신의 노동'을 '노동자의 노동'으로 바꾼 것이죠. 사물을 살아나게 하는 것, 사물에 피를 주고, 사물에 영혼(가치)을 부여하는 것은 관념적 '정신'이 아니라 현실의 '노동자'입니다. 사물에 담긴 '영혼'은 노동자의 노동이 대상화된 것이고 사물에 스며 있는 '피'는 노동자의 생명입니다.

마르크스는 학문의 방법과 관련해 헤겔이 환상에 빠졌다고 비판한 바 있습니다. 현실적인 것을 총괄해 사유를 얻어놓고 마치 그 사유가 현실을 낳은 것처럼 말한다고요[54](『다시 자본을 읽자』, 131쪽 참조). 그런데 이런 환상은 우리가 '자본'에 대해 갖는 환상이기도 합니다. 마르크스는 자본이란 '스스로 증식하는 가치'라고 했는데요. '스스로 증식하는 가치'라는 말은 'verwertung'입니다. 자본을 '스스로 증식하는 가치'라고 정의하고서 'verwertung'이라는 단어를 보면, 'ver-Wert-ung'이 '가치'(Wert)의 자기동일적 운동으로 보입니다. 가치의 증식이 자본의 노동, 가치 자체의 노동처럼 보이는 것이지요. 자본가는 정말로 돈이 돈을 낳는다고 생각할 겁니다.

헤겔의 '정신의 왕국'에서는 정신이 세계의 영혼이고 만물에 흐르는 피였는데요. 자본의 왕국에서는 자본(가치)이 그런 행세를 합니다. 자본주의에서는 가치가 상품의 영혼이고 피입니다. '정신'이 자기동일적 운동을 펼쳐가듯 '가치'(자본)도 자기동일적 운동을 펼쳐갑니다. 자본이 투자되고 가치가 부여되면 죽은 사물, 죽은 마을도 살아납니다. 반대로 자본(가치)이 빠져나가면 사물은 무가치해지고 마을은 활기를 잃어버립니다. 그러니 자본주의에서는 만물의 운동이 자본의 운동으로 보입니다.

실상은 사람들이 물건을 만들고 마을을 만드는데도 자본주의를 살아가는 우리 눈에는 그렇게 보이지가 않습니다. 일하는 사람들은 사람이 아니고 상품입니다. 인력시장에서 사온 인력, 즉 노동력이 움직이는 겁니다. 노동력이란 자본의 한 부분인 가변자본이죠. 말하자면 자본이 상품을 만들고 자본이 마을을 살립니다.

환상이고 착시입니다. 인간의 재능이 발휘되는 과정을 자본의 힘이 발휘되는 과정으로 보고 있으니까요. 하지만 이것은 개인적 착시가 아니라 집단적 착시이고, 주관적 착시가 아니라 객관적 착시입니다. 자본의 왕국에 사는 한 신민들은 자신들이 왕을 먹여살리면서도 왕의 은혜로 살아간다는 생각을 떨쳐버릴 수 없습니다.

II──고정자본과 유동자본의 구분

상품생산과정에서 노동자는 생산수단의 가치를 생산물로 이전하는데요. 앞서 본문에서 이미 살펴보았듯 생산수단에 따라 가치의 이전 양상이 다릅니다. 어떤 것들은 형태를 유지하면서 생산물로 가치만 넘기는 데 반해 어떤 것들은 가치이전 과정에서 형태 자체가 사라지거나 변형되지요. 이 문제를 다루면서 마르크스는 당시 정치경제학자들의 '고정자본'과 '유동자본' 개념을 비판적으로 검토했습니다. 이 중에서도 리카도에 대한 비판은 참고해둘 만합니다. 마르크스가 평소 말하지 않던 무언가가 있어서가 아닙니다. 그 반대입니다. 마르크스가 평소 말하는 바가 리카도에 대한 비판에서 더 선명하게 드러나지요.

'고정자본'과 '유동자본'의 구분에 대해 리카도는 '소멸속도'를 기준으로 삼았습니다. 그에 따르면 "자본은 그것이 급속히 소모되어 빈번히 재생산될 필요가 있는가 아니면 천천히 소비되는 것인가에 따라 유동자본 또는 고정자본의 항목으로 분류"됩니다.[55] 소재가 얼마나 내구적인가로 분류한 것이죠. 하지만 그는 이 '내구성'이 상대적인 것임을 깨달았습니다. 그래서 『정치경제학 및 과세의 원리』 제2판을 낼 때는 둘의 "경계선이 엄밀하게 그어질 수 없다"라는 주석을 달았습니다.[56]

마르크스는 이 구절을 읽고는 어이가 없었던 모양입니다. 그는 리카도한테는 내구성이 큰 커피 주전자가 고정자본이고 커피는 유동자본일 거라고 조롱했습니다. 그런데 마르크스가 정말로 비판했던 것은 경계선의 불분명함이 아니었습니다. 리카도의 근본 문제는 '가치'와 '자본'이라는 '인간들 사이의 사회적 관계'를 사물들의 물리적(자연적) 속성으로 돌린 데 있습니다.

리카도는 경제학자입니다. 그런 그가 자본을 구분하는 기준을 사물의 물리적 속성에서 구하다니요. 마르크스는 리카도를 '조야한 유물론자'이자 '조야한 관념론자'라고 부릅니다. 물리적 속성을 기준으로 삼았다는 점에서는 유물론자인데, 사회적 관계인 자본을 사물의 속성으로 돌렸다는 점에서는 '물신주의'에 빠진 관념론자라는 거지요.[57]

그럼 마르크스는 고정자본과 유동자본을 어떻게 구분했을까요. 그는 사물의 속성이 아니라 자본(가치)의 '사용형태'에 따라 구분해야 한다고 주장합니다(이에 대해서 그는 『정치경제학 비판 요강』의 노트 6권과 『자본』 II권 제8장에서 상세히 다룹니다). 본문에서도 간략히 이 내용을 살폈는데요. 조금 더 세분해 정리하면 다음과 같습니다.

첫째, 고정자본은 사용가치로서는 유통되지 않고 가치로서만 유통에 들어갑니다.[58] 기계를 생각하면 이해하기 쉽습니다. 사용가치로서 즉 소재로서 기계는 그 자리에 그대로 있습니다. 그러면서 일정 기간 동안 자신의 가치를 생산물에 조금

씩 이전하지요. 반면 유동자본, 이를테면 면사의 원료인 면화는 소재로서도 생산물 속에 들어갑니다. 고정자본과 달리 유동자본은 사용가치를 넘기면서 가치를 넘깁니다. 면화 속에 대상화된 가치는 면화의 사용가치와 나란히 면사 속으로 옮겨 갑니다(이 점에서 윤활유 같은 보조자재들은 조금 미묘합니다. 원료처럼 생산물 속으로 들어가서 유통되는 것은 아니니까요. 생산물에는 가치만 넘깁니다. 이 점에서는 기계와 같지요. 그래서 어떤 학자들은 보조자재를 고정자본의 범주로 넣기도 하는데요. 마르크스는 그렇게 보지 않았습니다. 소모되는 과정에서 기계처럼 형태를 유지하지 못하기도 하고, 더 중요한 것은 여기 투자된 자본이 기계에 투자된 자본처럼 묶여 있는 게 아니거든요. 따라서 고정자본으로 볼 수는 없다는 거죠).[59]

하지만 이것은 사물 자체에 달린 문제가 아닙니다. 아무리 내구성이 큰 철판이라도 얼마든지 유동자본일 수 있습니다. 이를테면 조선업에서 철판은 유동자본입니다. 설령 기계라 해도 그렇습니다. 기계는 그것을 생산수단으로 사용하는 자본가에게는 고정자본이지만 기계 제조업자에게는 그렇지 않습니다. 기계 제조업자에게는 고정자본이 아니라 생산물이죠. 건물도 마찬가지입니다. 건축업자나 인테리어업자에게 건물은 자동차 제조업자의 경우와 다르겠죠. 즉 고정자본이 된다는 것은 사물 자체에 내재된 성격이 아니라 자본가가 그것을 어떻게 사용하느냐, 그것이 자본과 관련해 어떤 기능을 수행하느냐에 달렸습니다.

둘째, 고정자본은 '생산과정에서 사용가치로 소멸되는 한에서만' 가치로서 유통에 들어갑니다. 생산과정에서 얼마나 사용되느냐가 유통과정에 얼마나 가치를 넘기느냐를 규정한다는 겁니다. 당연히 그렇겠지요. 방추는 소모되는 만큼 면사로 자신의 가치를 이전합니다. 그런데 자본가에게는 이 속도가 중요합니다. 아직 우리에게는 이른 이야기입니다만, 앞서 공부한 내용으로도 그 이유를 짐작할 수는 있습니다. 자본가는 100억으로 10억을 벌면 다시 110억으로 만들어 투자하는 사람입니다. 만약 잉여가치를 낳는 비율이 일정하다면, 자본의 회전이 빠를수록, 즉 돈을 회수해서 재투자하는 기간이 짧을수록 자본이 더 빨리 증식할 겁니다. 그런데 고정자본은 묶인 돈입니다. 유동자본에 비해 회수 속도가 느리죠. 이 때문에 유동자본과 고정자본의 비율이 어떻게 되느냐, 또 고정자본의 가치를 얼마나 빨리 이전시키느냐에 따라 자본의 축적 규모가 달라집니다.[60]

셋째, 통신이나 교통 시설 같은 경우는 조금 다릅니다. 이를테면 인터넷이나 철도처럼 어떤 경우에는 생산수단으로 기능하지만, 어떤 경우에는 고정자본 형태 그대로 판매되는 경우가 있습니다. 이용요금의 형태로 일반상품처럼 판매되는 것이죠.[61] 철도는 자본가들에게는 상품을 이동시키는 생산수단이지만 여행객들에게는 여행을 위한 소비수단입니다. 어떻게 기능하느냐에 따라 생산수단이기도 하고 소비수단이기도 한 겁니다. 생산수단인 경우에도 일반 기계와는 다르지요. 기계는 특정 자본가의 생산영역에서 생산수단으로 기능하지만 철도 등은 여러 자본가의 생산영역을 연결하는 혈관 같은 역할을 합니다. 자본들이 공동으로 사용하는 생산수단이죠.

투자 규모가 워낙 크기 때문에 이런 형태의 고정자본이 존재하려면 대자본이 전제되어야 합니다. 해당 사회의 자본 축적이 상당 수준에 이르렀다는 뜻이죠. 19세기 초 영국에서는 철도, 도로, 운하 등을 사기업이 건설했답니다. 그러나 자본주의 발전이 상대적으로 뒤처진 나라들에서는 이런 일을 감당할 정도의 사적 자본이 존재하지 않았습니다. 그래서 주로 국가가 건설과 관리를 떠맡았죠. 국가의 재정을 투입해 자본가들에게 공용 생산수단을 저렴하게 공급한 겁니다. 그러다가 자본 축적이 어느 정도 진행되면 공기업 매각 형태로 사업 전체를 사기업에 넘깁니다.

III──사이보그 노동자의 에일리언 되기

본문에서 우리는 노동과정에서 노동자가 겪는 두 가지 소외를 이야기했습니다. 하나는 생산물로부터의 소외였고 다른 하나는 생산활동 자체로부터의 소외였습니다. 노동자는 생산자임에도 그 생산물을 가질 수 없었고요(자본주의 노동과정은 노동자의 생산활동이라기보다 자본가가 자신이 구매한 상품인 노동력을 소비하는 과정이니까요), 노동자는 자신의 정신과 신체를 움직이면서도, 일하고 있는 자신을 타인으로, 이방인으로 느낍니다(생산활동이 자본가의 통제에 따라 이루어지니까요).

그렇다면 노동의 소외를 극복한다는 것은 어떤 의미일까요. 우선 생각할 수 있는 것은 인간을 되찾는 인간주의적 길입니다. 우리가 잃어버렸다고 믿는 진정한 우리 자신을 회복하는 것이지요. 소외되지 않은 본연의 인간, 의식적이고 자유로운 인간을 되찾는 겁니다. 마르크스는 이것을 '유적 존재'로서 인간이라고 불렀습니다.[62] 그는 이 용어를 포이어바흐(Ludwig Feuerbach)한테서 가져왔지요. 하지만 곧바로 포이어바흐의 개념에 문제가 있음을 깨닫습니다. 마르크스는 「포이어바흐에 관한 테제」를 썼고 여기서 '유적 존재', '인간의 본질' 같은 개념을 강하게 비판합니다.

포이어바흐가 그런 개념을 떠올린 것은 인간을 고립된 개체로 추상적으로만 파악했기 때문이죠. 마르크스는 인간의 본질이라는 게 있다면 그것은 고립된 개체에 내재한 무엇이 아니라 현실적인 '사회적 관계들의 앙상블'이며, 이 사회적 관계들은 역사적인 것이라고 했습니다.[63] 달리 말하면 인간의 본질은 역사적이고 사회적인 관계에 따라 달라집니다. 인간의 불변하는 본성 같은 것은 없습니다. '본래적 인간' 따위는 없다는 말입니다.[64] 따라서 본래적 인간을 되찾는 식으로 소외를 극복할 수는 없습니다. 역사유물론자로서 마르크스는 이 길을 지지하지 않을 겁니다.

그럼 다른 길이 있을까요. 마르크스가 직접 언급한 것은 아니지만 마르크스가 허용하는 다른 길이 있다고 생각합니다. 그것은 어떤 점에서 이방인 되기를 가속화하는 것입니다. 본래적 인간을 찾는 것이 아니라 새로운 인간이 되는 길이지요. 어쩌면 인간조차 넘어서야 할지도 모르겠습니다.

마르크스에게 이런 생각을 가능케 하는 단초들이 있습니다. 심지어 포이어바흐의 인간주의에 많은 영향을 받았던 때에도 그런 것들이 있습니다. 이를테면 그는 인간을 유적 존재로 볼 수 있는 근거 중 하나를 신체적·정신적 변용 능력에서 찾습니다. 그에 따르면 인간신체의 변용 범위는 다른 동물에 비해 큽니다.[65] 인간은 식물, 동물, 광물, 공기, 빛 등 다양한 비유기적 신체와 물질대사를 할 수 있습니다. 인간의 정신도 그렇습니다. 신체의 광범위한 물질대사에 입각해 인간정신은 과학을 발전시키고 예술을 향유합니다.

소외된 인간이란 이런 변용 능력이 극도로 제한된 존재입니다. 가난한 노동자의 경우에는 변용이 오직 생존 문제에 국한됩니다. 신체적·정신적 감각들이 단순화됩니다. "굶주린 인간에게는 음식의 인간적 형태는 존재하지 않고 오직 음식으로서의 추상적 현존만이 존재할 뿐이다."[66] 빵을 단지 '먹을 것'으로만 보는 것이죠. 손이나 코, 혀가 아니라 위장으로만 먹습니다. 이것은 자본가도 마찬가지입니다. "광물 상인은 단지 광물의 상업적 가치만을 볼 뿐이며 광물의 아름다움이나 그 특유의 본성은 보지 않"습니다.[67] 사물과 일면적 관계만을 맺는 겁니다.

　인간만이 다면적 변용 능력을 지닌 유적 존재라는 식의
인간중심주의만 걷어낸다면(인간이 변용할 수 없는 환경이나 사
물에 대해 탁월한 변용 능력을 보이는 생물들이 많습니다), 신체와
정신의 변용 능력 확대는 소외의 극복과 관련해 중요한 의미
를 가질 수 있습니다. 인간은 신체의 재구성을 통해 다른 변용
능력을 가질 수 있고 결과적으로 다른 존재가 될 수도 있다는
말이니까요.

　이와 관련해 노동자와 노동수단에 관한 마르크스의 언급
은 흥미롭습니다. 본문에서 본 것처럼 마르크스는 노동수단
을 노동자의 신체와 결합한 새로운 신체기관으로 간주했습니
다. 그는 노동수단과 결합함으로써 노동자의 신체가 재구성
된다고 생각합니다. 노동자를 잠재적 사이보그로 본 셈이죠.

　사이보그(cyborg)는 '사이버네틱스'(cyb/ernetics)와 '유
기체'(org/anism)라는 두 단어를 각각 잘라낸 뒤 그 조각을 결
합해 만든 말입니다.[68] 그 단어 자체가 사이보그의 신체와 같
습니다. 그런데 사이보그란 단지 신체들을 연결하기만 한 게
아니라 하나의 통합된 회로를 구축합니다. 회로가 구축되었
다는 것은 신체들의 작용에 따른 재귀적 영향이 나타난다는
뜻입니다. 그리고 이 재귀적 영향은 신체와 정신의 전체적 변
형을 수반합니다. "신체가 사이버네틱스 회로에 통합되었을
때 회로를 수정하면 의식도 반드시 수정"될 수밖에 없습니
다.[69]

오늘날 노동자의 사이보그화 경향은 더 내밀해지고 더 거대해지는 것 같습니다. 한편으로는 노동자가 기계장치를 신체 안으로 끌어들이거나 신체에 부착해서 관절처럼 사용합니다(생체칩이나 로봇수트 등). 다른 한편으로는 노동자 자신이 거대한 기계장치의 관절처럼 변해가고 있습니다(마르크스는 노동자가 기계체계의 '의식적 관절'이 되어간다고 했습니다[70]). 더는 노동자와 노동수단을 나누는 게 의미 없어 보일 정도죠.

물론 자본주의에서 노동자와 노동수단의 결합 방식을 정하는 것은 자본가입니다. 그리고 자본가의 관심은 이윤 창출이죠. 그는 노동생산성에 도움이 되는 방식으로만 사이보그 노동자의 변용 능력을 향상시킵니다. 사이보그화의 방향을 일정하게 통제하는 것이죠. 그렇다고 해도 대개는 사이보그 노동자의 변용 능력을 확대하는 방향으로 갈 수밖에 없습니다. 노동자의 능력과 노동생산성은 긴밀히 맞물려 있으니까요.

문제는 사이보그 노동자의 신체, 즉 '인간-기계'의 재귀적 회로가 인간의식에 의해 완전히 통제될 수 없다는 겁니다. 마르크스는 노동을 통해 인간이 자신의 본성도 생산한다고 했는데요. 사이보그 노동자는 사이보그 노동자의 본성을 생산할 겁니다. 그런데 이 과정은 인간의식으로 통제할 수 있는 게 아닙니다. 신체가 의식에 붙들려 있는 만큼이나 의식 또한 신체에 붙들려 있으니까요. 재귀적 회로를 통해 신체에서 나타난 이질적 움직임들이 얼마든지 새로운 의식을 낳을 수 있습니다. 통제되지 않는 사건, 다시 말해 반란이 의식 너머에서 시작될 수 있다는 뜻입니다.

어떤 점에서 사이보그 노동자는 인간 소외의 극대화된 형태입니다. 전통적 노동자의 경우에는 노동수단과의 결합이 외면적입니다. 신체가 연장되는 형태죠. 그래서 노동자가 신체와 정신의 유기체적 통일성을 어느 정도 유지할 수 있습니다. 타인의 명령을 따를 때조차 신체와 정신의 인간적 경계를 유지할 수 있습니다. 하지만 사이보그 노동자의 신체는 정의상 이질적 신체들의 결합물입니다. 내 몸은 내 몸만이 아니고 내 정신은 내 정신만이 아닙니다.

그런데 이 소외된 인간, 이 에일리언이 인간적 귀환을 통해 소외를 극복하려 하지 않고, 인간으로부터의 떠남을 통해 소외를 극복하려고 한다면 어떻게 될까요. 상실을 해소할 방법을, 상실한 '그것'을 되찾는 데서 찾지 않고 '그것'이 있다는 신화를 거부하는 데서 찾는 거죠. 인간으로 돌아가는 꿈이 아니라 인간이 아니기를 꿈꾼다면, 다시 말해 꿈의 인간적 성격을 버린다면 어떻게 될까요. 기계와의 결합을 통해 적극적 이방인 되기, 적극적 에일리언 되기에 나선다면 말입니다. 자본가는 노동자가 문제를 일으킬 때마다 기계를 떠올렸습니다. 우리는 기계와 더불어 무엇을 할 수 있는가. 그런데 자본가가 아니라 노동자가 그 질문을 던진다면 무슨 일이 일어날까요. 혹시 압니까. 자본이 유토피아를 꿈꾸는 곳에 자본의 끔찍한 디스토피아가 감추어져 있을지.

주

1   F. Nietzsche, *Zur Genealogie der Moral*, Vorrede #8(김정현 옮김, 『선악의
    저편/도덕의 계보』, 책세상, 2002, 348쪽).

2   탈레스 외 지음, *The Fragments of Presocratic Philosophers*, 2005(김인곤
    외 옮김, 『소크라테스 이전 철학자들의 단편 선집』, 아카넷, 2005, 667쪽).

3   H. Braverman, *Labor and Monopoly Capital*, 1974(이한주·강남훈 옮김,
    『노동과 독점자본』, 까치, 1991, 52쪽).

4   C. Fourier, *The Utopian Vision of Charles Fourier: Selected Texts on Work,
    Love, and Passionate Attraction*, Translated, Edited and with an
    Introduction by Jonathan Beecheb and Bichabb Bienven, Beacon Press,
    1971, pp. 144~145. 참고로 해리 브레이버만은 이 구절을 인간노동의
    합목적성에 대한 마르크스의 설명에 주석으로 달았다. 다만 그는
    푸리에의 다른 책에서 이 구절을 인용했다(H. Braverman, 위의 책, 48쪽).

5   K. Marx, *Ökonomisch-philosophische Manuskripte aus dem Jahre 1844*,
    1844(최인호 옮김, 『1844년의 경제학 철학 초고』, 박종철출판사, 1991,
    275쪽).

6   K. Marx, 『1844년의 경제학 철학 초고』, 273쪽

7   B. Spinoza, *Tractatus Theologico-Politicus*, 1670(최형익 옮김,
    『신학정치론/정치학논고』, 비르투, 2011, 11~12쪽).

8   P. Osborne, *How to Read Marx*, 2005(고병권·조원광 옮김, 『How to Read
    마르크스』, 웅진지식하우스, 2007, 81쪽).

9   J. Locke, *Two Treatises of Government*, 1690(강정인·문지영 옮김,
    『통치론』, 까치, 1996, 34~35쪽).

10 이 글에서 마르크스는 자본주의에서 나타나는 노동의 소외를 다음 네
    가지로 제시했다. ①노동생산물로부터의 소외, ②생산행위

자체로부터의 소외, ③유적 본질의 소외, ④인간에 의한 인간의 소외(K. Marx, 『1844년의 경제학 철학 초고』, 268~277쪽).

11 K. Marx, 같은 책, 270쪽.

12 K. Marx, 같은 책, 268쪽.

13 K. Marx, 같은 책, 269쪽.

14 K. Marx, 같은 책, 271쪽.

15 K. Marx, 같은 책, 같은 쪽.

16 K. Marx, 같은 책, 272쪽.

17 K. Marx & F. Engels, *Die deutsche Ideologie,* 1845(최인호 옮김, 『독일 이데올로기』, 『칼 맑스 프리드리히 엥겔스 저작선집』, 제1권, 박종철출판사, 1993, 222쪽).

18 K. Marx & F. Engels, 같은 책, 201~203쪽.

19 K. Marx, *Das Kapital: Kritik der politischen Öconomie,* 1894(김수행 옮김, 『자본론』, III-상, 비봉출판사, 2015, 104쪽).

20 M. Weber, *Die protestantische Ethik und der Geist des Kapitalismus,* 1905(tr. by T. Parsons, The Protestant Ethic and the Spirit of Capitalism, George Allen & Unwin, 1978, p. 48).

21 Voltaire, *Candide ou L'Optimisme,* 1759(이병애 옮김, 『미크로메가스·캉디드 혹은 낙관주의』, 문학동네, 2013, 207쪽).

22 Mary Gabriel, *Love and Capital,* 2011(천태화 옮김, 『사랑과 자본』, 모요사, 2015, 337쪽).

23 Mary Gabriel, 같은 책, 같은 쪽.

24 B. Spinoza, *Ethica,* III, Praefatio(강영계 옮김, 『에티카』, 서광사, 1990, 129쪽).

25 참고로 『정치경제학 비판 요강』에서 마르크스는 기계제 대공업이
   더 발달하면 노동자가 생산과정의 주행위자가 아니라(기계가
   주행위자다) 생산과정을 관리하는 존재가 된다고 말한다. 그런데
   노동과정에서 이런 변화가 일어나면 가치형성과정에서도 상응하는
   변화가 일어날 수밖에 없다. 노동가치설 자체가 문제 될 수 있는
   것이다. 이에 대해서는 생각해볼 문제로 남겨두겠다[K. Marx,
   Grundrisse der Kritik der politischen Ökonomie, 1857(김호균 옮김, 『정치경제학
   비판 요강』, II, 백의, 2000, 380~381쪽)].

26 F. Nietzsche, "Schopenhauer als Erzieher", #7, *Unzeitgemäße
   Betrachtungen,* III, 1874(이진우 옮김, 「교육자로서의 쇼펜하우어」,
   『비극의 탄생·반시대적 고찰』, 책세상, 2005, 474쪽).

27 K. Marx, *Über die Differenz der demokritischen und epikureischen
   Naturphilosophie,* 1841(고병권 옮김, 『데모크리토스와 에피쿠로스
   자연철학의 차이』, 그린비, 2001, 18쪽).

28 마르크스의 플루타르코스 비판과 루크레티우스 지지는 박사학위
   논문을 위해 작성한 노트들 곳곳에서 잘 드러난다. 두 사람의 상반된
   이미지에 대해서는 K. Marx, 같은 책, 270쪽 참조.

29 Lucretius, *De Rerum Natura*(강대진 옮김, 『사물의 본성에 관하여』,
   아카넷, 2013, 37쪽).

30 Lucretius, 같은 책, 38쪽.

31 Lucretius, 같은 책, 38~39쪽.

32 A. Smith, *An Inquiry into the Nature and Causes of the Wealth of
   Nations,* 1776(김수행 옮김, 『국부론』, 상권, 동아출판사, 1996, 37쪽).

33 K. Marx, 김호균 옮김, 『정치경제학 비판 요강』, II, 백의, 2000, 266~267쪽.

34 "어떤 경우에도 신과 같은 존재가 고려의 대상이 되어서는 안 되며, 신은 짐스러운 의무에서 벗어나서 완전히 행복한 존재가 되어야 한다"(Epicurus, 오유석 옮김, 『쾌락』, 문학과지성사, 1998, 98~99쪽). 그리고 "신들의 본성은 자체로 최고의 평화 속에, 우리의 일들로부터 나뉘어 멀리 떠나 불멸의 세원을 즐기는 것이어야 하기 때문입니다"(Lucretius, 위의 책, 28쪽).

35 Mary Gabriel, 위의 책, 430쪽.

36 F. Engels, "런던의 마르크스에게"(1869년 11월 29일 편지), MEW 32, 215쪽(Mary Gabriel, 같은 책, 524쪽).

37 Mary Gabriel, 같은 책, 535~536쪽.

38 Aristoteles, *Politika*, B.C. 4C(천병희 옮김, 『정치학』, 숲, 2009, 25~26쪽).

39 『한겨레신문』(2018.6.28) 기사 참조(http://www.hani.co.kr/arti/economy/marketing/850917.html).

40 K. Marx, *Theorien über den Mehrwert*, I, MEW 26_1, pp. 259~264(편집부 옮김, 『잉여가치학설사』, 아침, 1991, 318~324쪽).

41 K. Marx, *Theorien über den Mehrwert*, I, MEW 26_1, p. 359(편집부 옮김, 『잉여가치학설사』, 아침, 1991, 430쪽). 여기서 시니어는 상인과 수공업자들이 절제와 절약에 의해서만 부를 늘릴 수 있다고 주장한 존 그레이(John Gray)의 글을 정리할 때 동일한 주장을 편 사람으로 그 이름만 언급된다. 또 *Theorien über den Mehrwert*, III, MEW 26_3, pp. 24~25에서도 자본가의 절제가 자본가의 이윤의 원천이라는 시니어의 주장이 짧게 인용된다.

42 K. Marx, 『정치경제학 비판 요강』, I, 275쪽과 310쪽. 그리고
    Theorien über den Mehrwert, I, MEW 26_1, pp. 259~264(편집부 옮김,
    『잉여가치학설사』, 아침, 1991, 318~324쪽).

43 K. Marx, 『정치경제학 비판 요강』, III, 113~114쪽. 그리고 *Theorien
    über den Mehrwert*, III, MEW 26_3, p. 496과 *Lohn, Preis und Profit*
    (김호균 옮김, 「임금, 가격 및 이윤」, 『경제학노트』, 이론과실천, 1987,
    206쪽).

44 K. Marx, 『정치경제학 비판 요강』, III, 114쪽.

45 〈https://www.dwds.de/wb/begeisten〉.

46 Merold Westphal, *History and Truth in Hegel's Phenomenology*,
    Indiana University Press, 1979, p. 64.

47 G. W. F. Hegel, *Phänomenologie des Geistes*, 1807(임석진 옮김,
    『정신현상학』, I, 한길사, 2005, 41쪽과 66쪽, 86쪽).

48 G. W. F. Hegel, 같은 책, 51쪽.

49 알렉상드르 코제브는 헤겔 철학의 새로움을 "진리란 '실체'로서만이
    아니라 '주체'로서도 파악되고 표현되어야 한다"라는 문장에서
    찾았는데 그는 이 말의 의미가, 철학자는 주어진 '존재', 말의 대상인
    '실체'만이 아니라, 말하고 철학하는 '주체'까지도 다루어야 한다는
    것이라고 했다. "철학은 오로지 자연철학만이 아니라 인간학이기도
    해야 한다"라는 뜻이다. 그리고 헤겔이 말한 '전체', 즉 총체성은
    '인간적 현실'을 포함한다는 것이다[Alexandre Kojève, *Introduction to
    the Reading of Hegel: Lectures on the Phenomenology of Spirit*, 1980(설헌영
    옮김, 『역사와 현실의 변증법』, 도서출판 한벗, 1981, 298쪽 그리고
    301~302쪽)].

50 G. W. F. Hegel, 위의 책, 199~200쪽.

51 G. W. F. Hegel, 같은 책, 353~354쪽.

52 G. W. F. Hegel, *Grundlinien der Philosophie des Rechts*, 1820(임석진 옮김, 『법철학』, 지식산업사, 1996, 34~35쪽).

53 Merold Westphal, 위의 책, 같은 쪽.

54 K. Marx, 「정치경제학 비판 요강 서설」, 『정치경제학 비판 요강』, I, 백의, 2000, 71쪽.

55 D. Ricardo, *On The Principles of Political Economy And Taxation*, 1817 (정윤형 옮김, 『정치경제학 및 과세의 원리』, 비봉출판사, 1991, 93쪽).

56 D. Ricardo, 같은 책, 같은 쪽.

57 K. Marx, 『정치경제학 비판 요강』, II, 362쪽.

58 K. Marx, 같은 책, 353쪽 그리고 K. Marx, 김수행 옮김, 『자본론』, II, 비봉출판사, 2015, 201쪽.

59 K. Marx, 『자본론』, II, 201쪽.

60 K. Marx, 『정치경제학 비판 요강』, II, 355~358쪽 그리고 『자본론』 II, 202쪽.

61 K. Marx, 『정치경제학 비판 요강』, II, 405쪽.

62 K. Marx, 『1844년의 경제학 철학 초고』, 272~275쪽.

63 K. Marx, "Theses on Feuerbach", 1845(최인호 옮김, 「포이에르바하에 관한 테제」, 『칼 맑스 프리드리히 엥겔스 저작선집』, 제1권, 박종철출판사, 186~189쪽).

64 K. Marx & F. Engels, *Die deutsche Ideologie*, 1845(최인호 옮김, 『독일이데올로기』, 『칼 맑스 프리드리히 엥겔스 저작선집』, 제1권, 박종철출판사, 1993, 222쪽).

65 K. Marx, 『1844년의 경제학 철학 초고』, 273쪽.

66 K. Marx, 같은 책, 304~305쪽.

67 K. Marx, 같은 책, 305쪽.

68 N. Katherine Hayles, *How We Became Posthuman: Virtual Bodies in Cybernetics, Literature, and Informatics,* 1999(허진 옮김, 『우리는 어떻게 포스트휴먼이 되었는가』, 플래닛, 2013, 214쪽).

69 N. Katherine Hayles, 같은 책, 213쪽.

70 K. Marx, 『정치경제학 비판 요강』, II, 369쪽.

〈북클럽『자본』〉 Das Buch Das Kapital

5——생명을 짜 넣는 노동

지은이   고병권
2019년 4월 29일 초판 1쇄 발행
2021년 6월 7일 초판 3쇄 발행

책임편집   남미은
기획·편집   선완규·김창한·윤혜인
디자인   심우진 simwujin@gmail.com
활자   「Sandoll 정체」 530, 530i, 630
펴낸곳   천년의상상
등록   2012년 2월 14일 제2020-000078호
전화   (031) 8004-0272
이메일   imagine1000@naver.com
블로그   blog.naver.com/imagine1000

ISBN 979-11-85811-85-7 04100
        979-11-85811-58-1 (세트)

잘못된 책은 구입처에서 바꾸어드립니다.